For Juliet

these

CONVERSATIONS

in memory of an
amazing project
where your amazing
talent made an
indelible mark on
my work!

Marianon

Du même auteur

Poésie

Parcours, Moncton, Éditions Perce-Neige, 2005.

Répertoire, Trois-Rivières/Chaillé-sous-les-ormeaux (France), Écrits des forges/Le dé bleu, 2003.

L'oiseau tatoué, Montréal, La courte échelle, 2003.

Émergences (réédition de *Mourir à Scoudouc* et *Rapport sur l'état de mes illusions*), Ottawa, L'Interligne, Collection BCF, 2003.

Actions, Montréal, Trait d'Union, 2000.

Conversations, Moncton, Éditions d'Acadie, 1998, Prix du Gouverneur général; traduit en anglais sous le titre *Conversations*, Fredericton, Goose Lane Editions, 2001.

Climats, Moncton, Éditions d'Acadie, 1996; traduit en anglais sous le titre *Climates*, Fredericton, Goose Lane Editions, 1999.

Miniatures, Moncton, Éditions Perce-Neige, 1995, Prix des Terrasses Saint-Sulpice/Estuaire.

Vermeer, poésie et photos, Moncton/Trois-Rivières, Éditions Perce-Neige/Écrits des forges, 1992.

Existences, Moncton/Trois-Rivières, Éditions Perce-Neige/Écrits des Forges, 1991.

avec Claude Beausoleil et Gérald LeBlanc, *L'Événement Rimbaud*, Moncton/Trois-Rivières, Éditions Perce-Neige/Écrits des forges, 1991.

Vous, Moncton, Éditions d'Acadie, 1991, Prix France-Acadie.

Prophéties, Moncton, Éditions Michel Henry, 1986.

Rapport sur l'état de mes illusions, Moncton, Éditions d'Acadie, 1976.

Mourir à Scoudouc, Moncton, Éditions d'Acadie, 1974.

Théâtre

Le Christ est apparu au Gun Club, Sudbury, Prise de parole, 2005.

Laurie ou la vie de galerie, Tracadie-Sheila/Sudbury, La Grande Marée /Prise de parole, 2001.

Aliénor, Moncton, Éditions d'Acadie, 1998.

Essai

avec Pierre Raphaël Pelletier, *Pour une culture de l'injure*, Ottawa, Le Nordir, 1999.

Prose

Brunante, Montréal, XYZ, 2000, Prix Éloizes; traduit en anglais sous le titre *Available light*, Vancouver, Douglas and McIntyre, 2002.

Légendes, comprend des photos de différents artistes, Québec, Éditions J'ai vu, 2000.

Herménégilde Chiasson

CONVERSATIONS

poésie

nouvelle édition

Bibliothèque canadienne-française
Prise de parole
Sudbury 2006

Catalogage avant publication de Bibliothèque et Archives Canada
Chiasson, Herménégilde, 1946-
        Conversations : poésie / Herménégilde Chiasson.

(Bibliothèque canadienne-française)
Publ. à l'origine : Moncton : Éditions d'Acadie, 1998.
ISBN-13 : 978-2-89423-184-5
ISBN-10 : 2-89423-184-9

        I. Titre. II. Collection.

PS8555.H465C66 2006   C841'.54   C2006-901004-8

Distribution au Québec : Diffusion Prologue • 1650, boul. Lionel-Bertrand •
Boisbriand (QC) J7H 1N7 • 450-434-0306

Ancrées dans le Nouvel-Ontario, les Éditions Prise de parole appuient les auteurs et les créateurs d'expression et de culture françaises au Canada, en privilégiant des œuvres de facture contemporaine.

La maison d'édition remercie le Conseil des Arts de l'Ontario, le Conseil des Arts du Canada, le Patrimoine canadien (Programme d'appui aux langues officielles et Programme d'aide au développement de l'industrie de l'édition) et la Ville du Grand Sudbury de leur appui financier.

La Bibliothèque canadienne-française est une collection dont l'objectif est de rendre disponibles des œuvres importantes de la littérature canadienne-française à un coût modique.

Œuvre en page de couverture : Herménégilde Chiasson, *Le schéma de la douleur 2*
Conception de la page de couverture : Christian Quesnel

Imprimé au Canada.
Copyright © Ottawa, 2006 [1998, Éditions d'Acadie]
Éditions Prise de parole
C.P. 550, Sudbury (Ontario) Canada P3E 4R2
http://pdp.recf.ca

ISBN 978-2-89423-184-5

Préface

On n'ouvre pas Conversations *sans étonnement, même plusieurs années après sa première parution, en 1998, aux regrettées Éditions d'Acadie. L'un des grands commentateurs de la poésie acadienne et de Chiasson lui-même, Raoul Boudreau, a suggéré que ce livre remarquable, couronné par le Prix du Gouverneur général, «invente pour ainsi dire un nouveau genre littéraire à mi-chemin entre la poésie et la narration qu'il fait régresser jusqu'à leur essence[1] ». Un nouveau genre certes paradoxal, car il pourrait demeurer un cas unique, bien que Chiasson ait repris dans des recueils des années 2000 la même structure énumérative, appliquée cette fois à des gestes, des faits, des situations* (Actions) *ou à des choses* (Répertoire).

Énumérer des paroles est autre affaire, et c'est bien une telle avalanche de phrases proférées, de répliques déclamées sur un grand théâtre invisible qui nous frappe de plein fouet dans Conversations. *Elles sont là ces phrases, ostensibles, numérotées de 1 à 1000 (ou plutôt à 999, car l'ultime réplique reste en blanc), prononcées*

---

[1] Raoul Boudreau, «Herménégilde Chiasson, poète», dans *Il n'y a pas de limites/There are no limits*, Charlottetown et Halifax, Galerie du Musée d'art du Centre de la Confédération et Dalhousie Art Gallery, 1999, p. 89.

tantôt par un «Lui», tantôt par un «Elle» aussi anonymes l'un que l'autre. On a beau savoir que la forme de l'inventaire, du répertoire, du bilan a toujours été présente dans l'œuvre du poète et du cinéaste, depuis les premiers recueils des années soixante-dix comme Mourir à Scoudouc *et* Rapport sur l'état de mes illusions, *on a beau flairer l'ironie, voire la parodie dans ce système implacable de numérotation, tant la forme même que l'ampleur de son déploiement laissent au premier abord pantois et sollicitent l'examen.*

On se rend vite compte, à la lecture, que le terme qui donne son titre au livre ne désigne pas un ou des dialogues, le même protagoniste pouvant intervenir trois ou quatre fois de suite sans qu'il soit possible de lire telle ou telle phrase comme une réplique à celle qui précédait. Rien ne permet d'ailleurs de conclure que les deux protagonistes ne soient que deux, tant leurs interventions, malgré des motifs récurrents, sont multiples et détachées de toute référence à une personnalité et à une histoire unifiée.

Les recueils de fragments ont très souvent une forte teneur en maximes ou en aphorismes proposant des réflexions existentielles, morales, esthétiques. Mais on serait bien en mal de trouver, parmi le millier de phrases de Conversations, *plus d'une poignée d'énoncés qui s'approchent de la forme aphoristique. On penserait plutôt au* Poids du monde *de Peter Handke, avec ses instantanés narratifs, ses images restées en suspens, ses citations de phrases entendues au hasard, encore que cette analogie soit imparfaite. Car alors qu'un «je» récurrent fournissait chez Handke un foyer aux bribes de réalité et de discours que prétendait noter l'observateur ou l'auditeur, il n'existe rien de tel chez Chiasson, aucun point de vue permettant de lire ces fragments comme les moments successifs d'une conscience attentive au monde.*

Je n'aime guère décrire un livre par ce qu'il n'est pas, mais ces remarques me paraissent inévitables pour définir l'originalité de Conversations. *Nous voici plongés dans une aventure de la* voix, ce mot étant d'ailleurs l'un des plus fréquents tout au long du livre, dans des contextes très variés: voix lointaines ou intimes, saisies dans leur écho, leur texture, leurs inflexions propres, brouillées par les bruits ambiants ou s'écoutant elles-mêmes, larmoyantes et déclamatoires.

La multiplicité ne va pas ici sans un certain affolement, un dysfonctionnement profond dont témoigne par exemple ce fragment: «330. Elle   La même phrase mille fois répétée, par tous les moyens, il tentait d'ajuster sa voix sur une fréquence dont il avait perdu le contrôle.» *Il me semble que l'anacoluthe, qui brise ici en son milieu la structure de la phrase, n'est pas un accident. On trouverait aisément ailleurs dans le livre d'autres cas semblables: la syntaxe, enflée jusqu'au point de se briser ou de se perdre, est la forme même que prend l'affolement de la voix, lorsque le locuteur cherche à enterrer son désarroi et sa blessure narcissique sous l'emphase et qu'il ou elle surenchérit avec grandiloquence:* «632. Elle   Mon corps blessé par la passion, mes yeux rougis par la colère et ces projets d'adieux dont j'essaie vainement de me convaincre, et moi, qui tournais dans ma vie, avec au cœur un horrible secret, me réinventant une âme, défaisant mes aveux à mon corps défendant.» *Il y a dans de tels discours des relents de tragédie classique, un emportement dans la souffrance qui évoque une Phèdre au bord du délire, ne sachant plus trop ce qu'elle dit mais trouvant beau et complet son propre malheur.*

*De tels accents proches du sublime ne trouvent toute leur résonance que dans la galaxie des discours où ils se situent. Le monde contemporain est clairement marqué: ici et là, on cherche un emploi, on consulte un agenda bien rempli, on traverse une cafétéria, on prend l'autobus. De temps à autre surgit une bribe de discours technique: quelque part, une voix masculine affirme qu'«*il nous faut considérer la solidité des matériaux, le travail de l'humidité et la résistance des structures». *Plus loin, le même personnage (ou est-ce un autre, moins ingénieur qu'informaticien* *désabusé?) constate que* «les ordinateurs s'épuisent dans leur manœuvre». *Ailleurs, on se retrouvera plutôt dans un milieu de travail syndiqué où la voix féminine affirme que* «le talent ne se mesurera jamais à l'aune de la convention collective», *pour passer ensuite à la signature de quelque* «contrat», *on ne sait trop où ni par quelles parties.*

La polarité du masculin et du féminin, même tout à fait anonyme, pourrait confirmer la présence, sinon de deux personnages, du moins celle de deux stéréotypes. Il arrive en effet assez fréquemment que «Lui» *s'exprime avec une certaine froideur et une claire volonté de pouvoir, tandis qu'*«Elle» *tient le discours de l'amour blessé et de la victime. Mais ce sont là des dominantes plutôt que des constantes. À preuve, ces deux fragments consécutifs prononcés l'un par la voix masculine, l'autre par la féminine:* «420. Lui   Un jour, âgés, pauvres et chétifs, nous repenserons avec nostalgie à l'époque où il nous était loisible d'acquérir à rabais le monde et ses images essentielles. // 421. Elle   Il existe, dans le marché, des reproductions synthétiques d'une fidélité si exacte que, vu d'une certaine distance, le monde ne semble plus que l'ombre portée de l'illusion dont il dépend.»

La prolixité, la verbomotricité de Conversations *surgit dans un monde virtuel, déréalisé: ce qui frappe, c'est l'espèce d'acharnement du discours à y creuser une ferveur, à magnifier le prosaïque. Nous sommes aux antipodes d'une poésie du constat et du dépouillement. Il est significatif à cet égard que les tirades tendent à s'allonger à mesure que l'on progresse dans le livre (deux ou trois lignes en moyenne au début, sept ou huit vers la fin). L'emphase est croissante, aussi bien dans le propos ambitieux que dans celui de la douleur et de* «l'irrémédiable malédiction». *Les protagonistes cherchent, ou proclament carrément,* «une véritable grandeur» *et ils visent à* «faire jaillir des rêves d'une grande magnitude», *tout en s'adonnant à des aveux frénétiques et en nourrissant des projets fumeux.*

Nous avions cru nous trouver devant des phrases détachées, expression qui n'aura jamais semblé aussi littérale. Mais ce désancrage et cette discontinuité apparaissent finalement comme la condition même d'une singulière polyphonie, une sorte de cantique de la fin du XXe siècle, oscillant entre le bureaucratisme et l'épopée, entre les techniques de contrôle des individus et l'onirisme débridé, en mal d'évasion. «Je pars à l'instant», *dit la voix masculine;* «je pars demain», *annonce la femme, mais ces départs semblent velléitaires malgré l'exaltation momentanée qu'ils suscitent. Il s'agit tout autant de rester, de creuser l'inhabitable et l'inconfort, en se donnant quelque contenance factice, quelque élégance d'occasion.* «544. Elle   La voix se fatigue à la longue, c'est un fait, mais nous n'avons plus de refuge sinon cette voix qui parle, infatigable, d'images et de prothèses, s'étirant en de longues tirades destinées à promouvoir des nouveautés n'ayant plus cours sinon dans la mémoire»*: cette logorrhée est tordue et lumineuse à la fois, elle saisit avec une lucidité inouïe les contours de la conscience narcissique contemporaine, une conscience intarissable autant dans l'exposition de son ennui et de ses maladies que dans ses aspirations à la fulgurance et à des mythes compensatoires, peu crédibles et pourtant caressés, serrés contre soi comme des trésors.*

Échapper à la petitesse, à la médiocrité, au nulle part, mais en sachant que l'on n'échappe à rien, que l'on ne part pas. Il y avait déjà ce mouvement fou et impossible de transfiguration dans Climats*, paru en 1996: Chiasson faisait par exemple surgir dans l'espace de Moncton les figures des grands mythes grecs et romains, Ulysse et Énée, Méduse et Ariane, habitant des poèmes en vers réguliers qui faisaient rimer* «fax» *avec* «relaxe» *et* «rétroviseur» *avec* «peur». *Dans* Conversations*, l'espace demeure beaucoup plus indéterminé et la stratégie est différente: capter de l'intérieur même de la conscience les aspirations mythiques de la voix, cette aspiration magnifique et dérisoire à transmuter l'existence prosaïque en quelque chose de beau et de signifiant. La fragmentation systé-*

matique aboutit par là à son contraire : une sorte de continuum verbal à deux ou à plusieurs voix, la musique toujours relancée du nulle part où nous sommes tous.

Dans ce livre inimitable, Herménégilde Chiasson conduit à un rare degré d'achèvement une entreprise d'écriture, parallèle à son riche travail de peintre, de photographe, de cinéaste, n'ayant cessé d'explorer, outre la dramaturgie, toutes les formes, tous les genres, poussés chaque fois à leur limite : répertoires, bribes de journal personnel, simulacres de scénario ou de légendes photographiques, poèmes en vers rimés, récits lacunaires. Tous ces registres tendent à construire une vaste scénographie à la fois de la conscience acadienne et, plus largement, de la subjectivité postmoderne. Il reste que Conversations se définissait bel et bien, dès sa première parution, comme « poésie », ce qui n'est aucunement un abus de langage, me semble-t-il, tant ce livre repose d'abord sur la texture même du langage, sur l'essor sans cesse interrompu d'une voix qui voudrait accéder au chant. C'est précisément dans cette volonté entravée, son lyrisme bancal, son prosaïsme en mal de sublime que Chiasson bat sur son propre terrain l'immense et assourdissante logorrhée contemporaine. Au-delà de la psychologie vulgarisée, de la confession pour voyeurs, du témoignage narcissique, la parole transcende ici le quotidien et, si elle rumine souvent des empêchements et ressasse de vieilles blessures, elle dit aussi de manière déchirante une quête de grandeur et un bouleversant désir d'absolu.

PIERRE NEPVEU

1. Elle   je ne veux plus entrer dans des lieux où les gens baillent leur vie en croyant la vivre.

2. Lui   Pourquoi faut-il que le bonheur et le pouvoir soient à jamais irréconciliables?

3. Lui   Le rire incontrôlable de celui qui cherche un mot nouveau dans le dictionnaire.

4. Lui   Les raisons pour ne jamais avoir gardé de lettres.

5. Elle   Cet homme que j'ai vu de loin, cet homme dont je détestais la voix même à travers les murs, son arrogance, sa vulgarité, sa complaisance dans le protocole.

6. Lui   Nous avons l'intention d'inclure dans notre programmation tout ce qui contribuera à en assurer l'ineffable grandeur.

7. Lui   Ce qu'ils ont mis de l'avant, au fond, c'est la pratique d'un certain mépris de soi destiné à promouvoir l'illusion d'avoir fui une médiocrité sans issue.

8. Lui   Recherche sur le prix des mots, sur le désir de les voir accéder à leur forme définitive hors de toute atteinte perdurant dans son enveloppe de papier.

9. Elle   Il vit en ville avec le poids secret de sa faute et la crainte avouée du châtiment inévitable.

10. Lui   Par un obscur et rentable complot, nous travaillons toute notre vie à la plus grande gloire de la haute finance qui veille à ce que nous passions toute notre vie dans les labyrinthes de la pauvreté.

11. Lui   Entre l'ombre et la lumière, tout le drame des femmes gestatrices et des hommes éblouissants d'orgueil.

12. Elle   Elle a fermé les rideaux tandis qu'il attendait depuis toujours qu'elle l'enveloppe de son corps, mais c'est lui plutôt qui a fini par fermer les yeux à tout jamais.

13. Lui   Sa manière élégante de proférer les phrases les plus lassantes et les plus banales.

14. Lui   Ils s'étaient retirés dans leurs costumes, attendant un signe de l'humanité.

15. Elle   Les bars où les hommes font semblant d'oublier la vie heureuse et ennuyante qu'ils se sont inventée.

16. Elle   Il partira, elle gardera l'animal, il ne lui en voudra pas puisqu'elle étudiera la solitude.

17. Lui   Sur l'écran, elle rugira les mérites d'une absence qui entraînera sa fuite.

18. Lui   Son temple reposait fébrilement sur d'énormes colonnes de chiffres.

19. Elle Elles croyaient se documenter sur l'interprétation d'un rôle difficile, mais elles furent bien obligées d'admettre qu'on les avait convoquées pour leur fournir des renseignements sur la réalité.

20. Lui Sur l'impossibilité de croire à la fidélité indéfectible des machines.

21. Lui Il avait échafaudé un plan infaillible pour la vente d'objets dans lesquels il avait fini par perdre la foi ou presque.

22. Lui Comment traduire des manies qui à la longue deviendront un style et pourquoi pas une vision tant qu'à y être ?

23. Lui Recherche effrénée d'un nom qui contiendrait à la fois l'élan vital et le corps tout entier.

24. Elle Les questions qu'on pose, la solvabilité qui donne accès aux machines.

25. Elle Un jour, il va bien falloir s'attaquer à l'inquiétant désordre du monde.

26. Elle La personne que vous cherchez avec tout l'élan du désir et le poids de la faute, introuvable dans aucun chiffrier.

27. Lui Apprendre que la menace peut être contrôlée ne serait-ce que par quelque formule magique.

28. Lui Comment résumer l'âme d'un peuple, la compacter en une heure trente ?

29. Elle J'imagine un amour et cet amour me blesse, plus que tout, cet amour me blesse.

30. Elle   Un jour, il faudra bien se résigner à l'idée et vivre ouvertement l'envahissement d'un doute obsédant comme la pluie.

31. Lui   Baisser les yeux pour ne plus voir les causes consenties d'un exil solide.

32. Lui   L'existence d'une pilule activant des zones auto-nettoyantes de la mécanique.

33. Elle   Par hasard, elle s'était mise à chanter pour le bien-être contraint des enfants.

34. Lui   L'impression de vivre sa vie au ralenti en anticipant d'énormes changements de vitesse.

35. Lui   Se faire le serviteur de ceux dont les mains ne suffisent plus à perpétuer l'assurance de leur survie.

36. Lui   Dormir à jamais puisque toute pensée lui était désormais d'un insoutenable fardeau.

37. Elle   L'impossibilité de faire en sorte que la technologie reprenne son parcours.

38. Lui   Puisque le ciel nous fait si cruellement défaut, pourquoi devrions-nous nous soucier à ce point de ses incessants changements?

39. Lui   Elle réorganiserait le monde, son destin confiné dans l'art absolu de la synthèse.

40. Lui   La tête, l'organe qu'elle contenait, devenait la source d'un mal incontournable.

41. Lui   La crainte de ne pouvoir s'accomplir aux dépens d'une immuable résignation.

42. Lui Regard discret sur les objets qu'on donne, s'imaginant déjà dans les yeux de celui qui les reçoit.

43. Elle Exhiber les objets du désir, les étaler impunément aux yeux de la majorité envieuse.

44. Lui Le temps se précipitait maladroitement dans le ridicule des fins de journée.

45. Elle À propos de la laine, de sa provenance, de la nature même de sa fonction.

46. Elle Ce qu'elle avait dit de lui autrefois faisait maintenant surgir un doute sur le désir même qui l'affolait.

47. Elle Il faut se faire à la conception révolutionnaire que le bien-être n'est plus un luxe.

48. Elle Sa jubilation monumentale à l'idée de s'être trompée pour le mieux.

49. Elle J'ai fini par reconnaître toutes celles dont tu avais déformé les rires, les mots, la vie; le vol anonyme d'un oiseau dans les branches.

50. Elle Mon corps n'a plus la force d'émettre les mots qui le contiennent.

51. Lui L'image des anges requise sur les lieux mêmes et sur les entrefaites.

52. Elle Le désir de voir les images lui appartenir, de les garder captives, étalées sur ses murs.

53. Elle Lui seul pouvait faire en sorte que le monde soit moins aride, sa fin moins sévère, son aura baignée de légitimité.

54. Lui   Pour que la vie continue, que nous soyons bien nourris, bien au chaud, bien là.

55. Elle   Non je ne parlerai plus d'elle, de sa beauté exacte mais imbibée de blasphème quand elle baisse les yeux, cherchant son monde, craignant sa chute.

56. Elle   Je ne laisserai personne intervenir dans l'espace limpide et lumineux qui nous lie.

57. Elle   Comment détourner le flot de la conversation vers l'océan avoué de son ambition?

58. Elle   Depuis cette époque, dans sa tête, le bruit assourdissant d'une discothèque.

59. Elle   Les choses qu'on sait maladroites et dont on s'accommode, et qu'on embellit à la longue.

60. Lui   Toute la patience du monde pour produire un objet à jeter aux poubelles.

61. Lui   D'avoir perdu pour toujours quelqu'un qui nous tenait la main dans un monde sans merci.

62. Lui   Et si le résultat ne constituait en fait qu'une inexorable erreur, une envolée vers l'absurde, une dépense perverse.

63. Elle   Sur l'arrière-fond de sa beauté, ses paroles, leur effet incandescent, incantatoire, mystérieux et solennel comme la surface de l'eau, le miroir du ciel.

64. Elle   Ils ne savent plus faire ce que nous avions si bien entrepris autrefois, quand nous dansions de plus belle jusqu'au bord de la nuit.

65. Elle Longtemps je suis restée coupable, jusqu'au jour où je lui ai ouvert les bras comme une sœur revêche et maugréante.

66. Lui Si tu savais ce que je vois dans la musique, dans le temps, dans l'amour et dans cet étrange effet de pâmoison inséré entre les pétales d'un bouquet empoisonné.

67. Elle Il y a longtemps, durant deux heures, le fait de l'avoir dit inconsciemment et définitivement, peut-être, pour toujours.

68. Lui Il dormait mais il était venu, en songe peut-être ou sur les ailes de la nuit, éveillé par la perte soudaine du lieu où jadis il avait rêvé sa vie dans la lumière blême d'une perte bouleversante.

69. Elle Ils ont perdu le goût du scandale, de la bombe qui aveugle et de la nouvelle qui hurle à la une de leur conscience.

70. Elle Combien de fois pourra-t-elle encore mettre un prix, mettre un chiffre sur le délabrement de sa vie enrobée de mystère?

71. Elle La sensation accablante de perdre cette vue imprenable du cœur dont on se croyait le seul défenseur et maintenant la ville étendait son rayon.

72. Lui Là où la misère s'étale à perte de vue, ils nous avaient reçus comme des dieux chargés de promesses, nous écoutant patiemment, nous écoutant.

73. Lui   Si seulement ils avaient pu le faire taire, disait-il en riant, le regardant manger lentement dans la patience absolue et lumineuse du renoncement.

74. Elle   Une session de torture mutuelle, consentie, pleine d'ecchymoses, nappée de larmes et boursouflée d'émotions.

75. Elle   Le rire ponctuant les dessous fragiles et immuables d'une vie où autrefois l'amour prenait toute la place.

76. Lui   Des projets, il en voyait tellement, des transatlantiques à l'horizon, et il continuerait d'en faire jusqu'à l'illusion ultime d'un naufrage consenti.

77. Lui   Est-ce parce que vous n'avez pas d'amis que vous insistez autant pour défier la chance à ces jeux de hasard où le rire l'emporte sur le drame?

78. Lui   La crainte obsédante, magnifiée, obscène de quelqu'un affairé à prendre notre place, défigurant notre piédestal, le maculant de tristesse et d'injures.

79. Lui   Montrer des documents, des preuves accablantes, une obsession sans égale à changer son regard, le détournant avec malice au moyen d'un maquillage méconnaissable.

80. Lui   Une suite d'histoires grotesques, ponctuée de rires déchirants, plaquée sur le drame essentiel.

81. Lui   Est-il vraiment possible de comprimer la vie dans un espace où les arbres sont bleus, s'agitant avec ardeur sur des socles turquoise et métalliques?

82. Elle   Pour que nous restions prisonniers avec élégance, avec une certaine recherche, un certain prélassement déterminant du regard à la voix.

83. Lui   L'inventaire incisif, méticuleux et précis de tout ce qui peut aiguiser le regard.

84. Lui   Fermeture obligatoire, mais au fond consentement définitif et version sourde d'une colère qui ravage obstinément depuis des siècles et des siècles.

85. Lui   Dans le miroir chatoyant du métal, ils avaient vu leur continent filer à toute allure, lui prêtant un éclat insoupçonné dans la lumière jeune encore de l'été surgissant.

86. Lui   Il faudrait faire en sorte que les chiens continuent à n'être que des chiens car, si nous perdons les chiens, nous perdrons énormément.

87. Elle   Faire en sorte que la vie continue malgré le départ inattendu de celui qui nous rassemblait dans sa chair et dans l'aura inégalée de son âme turquoise.

88. Elle   Demande dûment remplie pour entrer en contact avec un homme ayant choisi de disparaître dans la face cachée de sa gloire actuelle mais déjà posthume.

89. Lui   Il cherchait le nom, l'identité de ce magicien, de cet auteur dont les mots lui échappaient, s'enfuyant de la page pour le perdre dans les mystères bleutés de la forêt.

90. Elle   Nous n'avons pas eu le temps de nous voir ne fût-ce que le temps improbable de nous délivrer vraiment des paroles qui nous hantaient.

91. Lui   Un jour vient dans la vie où l'on ne peut plus sacrifier ses rêves aux obligations conçues par la bêtise et la brutalité d'un quelconque monopole.

92. Elle   Votre cas est affiché, et nous ici ne faisons que confirmer les informations qui nous sont fournies l'espace de votre voix.

93. Lui   Le monde n'est qu'une fine pellicule tendue à l'extrême et constituée d'images, de musique, de projets, d'ironie et de solitude.

94. Lui   Il comprenait le comportement de l'eau, s'affairant à lui faire obstacle; il savourait son succès et s'en allait, soupesant chaque outil, le remettant avec précaution dans l'étui irréfutable de son expertise.

95. Elle   Vous trouverez ci-inclus, et sans obligation aucune de votre part, les différents formats correspondant aux diverses grandeurs et aux divers prix.

96. Elle   Et dans son adoration, il y avait tant de larmes, de détresse et une incontrôlable panique qu'elle gérait du haut de sa verdure fragile.

97. Lui   Entre la musique et l'indigence, il y avait une maigre marge qu'il enjambait avec courage et allégresse.

98. Lui   Il nous faut structurer le monde dans de nouvelles cases à l'épreuve de l'évidence, et légiférer sur le bien-fondé de son endoctrinement traditionnel et néfaste.

99. Lui   Inutile de reformuler nos anciennes craintes, les anciens dieux de notre peur dorment désormais, défunts, silencieux de vigilance.

100. Lui   Ne plus s'inquiéter de savoir si l'espace de notre provenance serait seul responsable de notre silence.

101. Elle   Je l'ai revu dans ses nouvelles fonctions, dansant avec les forces vives de l'Univers.

102. Lui   La musique est un élément entretenant des liens étroits avec des images essentielles et vives comme des iris fracturés dans la paume colorée du ciel.

103. Lui   Il pensait aux trésors cachés dormant dans des voûtes, à la froideur de leur sommeil magnétique, de leur fulgurant secret.

104. Elle   L'été que nous avons passé ensemble, la chaleur, les panneaux bleus et la piste où les mots n'arrivaient plus à prendre leur envol.

105. Lui   Une carte de Noël qu'il lisait et relisait, la même graphie à l'encre rouge : « Je vous embrasse pour la vie ».

106. Lui   Nous ne parlerons plus d'amour, nous n'en parlerons pas et l'amour s'en ira par des chemins chaotiques et embourbés, incessant et fatal.

107. Lui   Il s'était confié à elle sur la difficulté de rêver, sur l'épuisement fébrile et nerveux pour faire en sorte que les rêves adviennent en douceur.

108. Lui   Ils sont en train d'ériger leurs frontières sans se soucier le moindrement du monde de notre mort invisible, de nos espoirs perdus, de nos fantasmes absents.

109. Lui   Faire en sorte que le passé et l'avenir ressemblent au présent, reclasser les archives de notre misère, leur donner du volume, du mordant, de la poigne.

110. Lui   Comment faire en sorte que les mots manquants soient enfin excusés de leur absence?

111. Lui   Je partirai, je laisserai leur doute s'étendre au point où ils en seront recouverts, salis pour le reste du temps, pleurant entre eux de dépit, de rage, de malchance.

112. Lui   Une manière éprouvée d'arpenter le nouveau territoire, de recenser la faune des humains et la flore du profit, tout animal selon son rang et son espèce.

113. Lui   Nous n'avons pas le droit de confiner les gens dans le corps de leur prison, de les regarder errer et divaguer d'illusions, le fil ténu de leur confusion s'amenuisant à la limite.

114. Lui   Je reviendrai vous voir, je reviens toujours vous voir, vous êtes si rarement vous-même, mais je reviens toujours, seriez-vous devenue mon plus grand obstacle?

115. Elle   Une implication se logeant dans les strates de la conscience jusqu'à l'aveu impérieux de l'être, du désir de refaire le langage en dehors de toute contrainte.

116. Lui   Sa voix mixée aux halètements du moteur, son départ intransigeant, sa fatigue, sa franchise aussi, la nuit exagérée refermant sur elle-même son cortège de lumière, effaçant un à un ses pas légers comme l'amour.

117. Lui   Je ne laisserai personne m'interroger au point de faire jaillir de moi des doutes, des ecchymoses et autres projections épileptiques qui ont peint mon cœur en bleu quand je l'ai remis tout chaud dans les mains de l'ange.

118. Lui   Le royaume tamponné de l'absence, de l'exil, le temps d'un dernier regard, la fuite programmée, l'audace disparue, le monde embrouillé dans l'éclat sismique du battement fulgurant contre les murs énormes où l'absence fait semblant.

119. Elle   Derrière les yeux, la fatigue; derrière la peine, une indescriptible envie de pleurer définitivement et sans recours.

120. Lui   Et revenir sans cesse, parce que là-bas il manquera toujours l'inexprimable zone de tendresse dont très peu sont arrivés à s'enfuir.

121. Lui   Le bout du monde, là où les souvenirs arrivaient par avion, le temps d'attendre les miracles.

122. Elle   Comme si l'affection pouvait se substituer au désir qui cherche à lui tordre le cou.

123. Lui   Dans les cris, ce qui traversait ressemblait parfois à de l'admiration, à une irrésistible pulsion de lier son destin à quelqu'un qui en enregistrerait l'inexprimable grandeur.

124. Lui   L'enfance fortuite, une vie dans un incontournable mouvement, pour se perdre dans des distractions de toutes sortes, interdit de solitude.

125. Lui   Toi qui es parti pour Paris pour en revenir avec des mots qui te convenaient si mal, et moi, dans tout ça, qui ne savais quoi répondre, qui te cherchais dans la détresse absolue de mes veines, regarde mes cheveux, touche leur blancheur.

126. Lui   Autrefois, c'est toujours autrefois, un blâme jeté au travers du passé qui n'en finira jamais de resurgir, montrant ses mains exactes, crayeuses et décousues.

127. Elle   Cette incessante sollicitation jalonnée de secrets néfastes, l'endroit même où le désir se déguise en sévices.

128. Lui   Une gratitude débordante pour avoir arraché du mur un souvenir, des mots imbibés dans la porcelaine, un moment antique comme le cunéiforme, et émouvant à part ça, émouvant.

129. Elle   Je m'en irai, serrant dans mes bras le mouvement déclinant de mon obsession, la liste imposante de tes intermédiaires, leur beauté ondoyante comme des nervures dans le soleil pâlissant.

130. Elle   Souvenez-vous de nous dans vos prières, nous avions des projets, nous n'avions que ça, rien d'autre, une interminable suite de projets.

131. Lui   Le temps de l'argent, de ceux qui parlent vite, qui vendent parfois, de ceux qui s'en vont, emportant patiemment leurs cartables, traversant les portes du rêve, les graines de l'avenir tombant de leurs poches.

132. Elle Où es-tu, pressée, je t'entends courir au loin, le temps manquant, l'aveu précipité d'une indescriptible et illégale tendresse.

133. Lui Comment faire pour déposer sur le sol le fardeau d'amitiés si exigeantes qu'elles vous usent tellement elles exigent, l'exiguïté de leur lourdeur ?

134. Elle La déception que je soupçonne d'ici ne fait qu'exagérer l'immense chagrin qui accable mon cœur et que je redoute.

135. Lui Les brise-glaces tout confort, les ours polaires attaquant par deux, le pôle congelé scintille dans son enveloppe métallique, dans des nuits sans faille où s'agitent tous les soupçons.

136. Elle Parfois le corps se ressaisit, un prisonnier prend en otage ceux qui s'entêtent à le priver du plaisir qu'il réclame à grands cris.

137. Lui La maison redevenue trop grande, si tant est qu'autrefois il n'y avait qu'elle pour l'habiter pleinement de sa chaleur.

138. Elle Désespérée un bref instant d'avoir vu passer la douleur, elle ne peut rien pour en contrer les dégâts.

139. Lui Pourvu que le chien coure, qu'il séduise d'autres femmes que son maître lui dérobera à son insu.

140. Lui Travailler, sinon qui paiera le salaire de ceux qui travaillent pour que d'autres puissent travailler, poursuivant ainsi une tradition solide et sans merci ?

141. Elle   Dans ma voix entrecoupée, il croyait entendre le silence de toutes les routes aboutissant à toutes les maisons où elle s'était momentanément réfugiée.

142. Elle   L'ignorance de plusieurs médecins, son mal qui persistait, le corps qui s'en allait, une défection dont elle s'avouait la victime plus ou moins consentante.

143. Lui   Les gens mettront en doute son regard, son jugement; la risée de ceux qui parfois apparaissent dans l'embrasure calfeutrée des portes, une humiliante intrusion, une maladresse constante.

144. Elle   Avec une infinie patience, elle parlait du mal de l'enfant, se penchant sur lui pour soulager sa douleur, l'avalant de ses innombrables baisers.

145. Lui   Ne plus reconnaître la force du temps, s'en remettre à l'incessante excuse de la solitude déguisée sous le masque de l'ennui.

146. Lui   Il faut comprendre que la vitesse doit être aménagée comme un espace de ruse, de survie, et tant qu'à y être de grandeur et d'illumination soudaine.

147. Lui   Refaire les mêmes gestes en proclamant à haute voix ce qui fait obstacle, l'éprouvante menace de l'échec répété comme une marée inconcevable dans son retour constant.

148. Lui   Tenant la photo d'une main, il ne cessait de décrire la chute qui l'avait entraînée dans le vide où tant d'espoirs ont fait choir tellement d'illusions.

149. Elle   Ils émergeaient du sommeil, ils repartiraient bientôt dans la nuit, emportant avec eux les rêves qu'ils étaient venus réclamer.

150. Lui   Il avait inventé tout un ensemble de lois factices dont il se servait pour exprimer la partie trouble et cachée d'un monde où le profit croissait, indécent et visible à l'œil nu.

151. Lui   L'incrédulité délirante d'avoir retrouvé une identité si soudaine.

152. Elle   Les cris, les rires, perforant la voix narquoise du triomphe, de la victoire indéfectible.

153. Elle   Le silence entre les mots, quand le monde se fige, quand la vie bat de l'aile.

154. Elle   Les rois disparaîtront puisque les dieux sont morts, suffit d'attendre.

155. Lui   Nous avons fait l'impossible pour nous insérer dans la marche du progrès, mais personne ne s'est donné la peine de tracer notre parcours.

156. Lui   La musique, telle une marque éternelle inscrite dans un registre implacable tenu par quelqu'un quelque part, tel le bruit des bottes dans la nuit des temps.

157. Lui   Il se souvenait qu'un soir d'hiver, en revenant sur une route enneigée, il avait perdu le contrôle, la voiture glissant au fond d'un fossé interminablement.

158. Elle   Et maintenant elles parlaient au loin, la voix à peine audible, d'un suicide volontaire.

159. Elle   Les enfants n'avaient rien d'autre à montrer qu'une complaisance sourde et inquiétante dans l'expression navrée de leur solitude.

160. Elle   Rien ne saurait m'éloigner du lieu de mon adoration.

161. Lui   Il partirait, il irait loin, il verrait la glace toute blanche et l'argent qu'il en rapporterait.

162. Elle   Dans l'espace vide, quelqu'un installait une machine, et son bruit, comme un complot, amplifiait la voix de ceux qui, hier encore, racontaient péniblement leurs rêves.

163. Lui   Décrire l'espace qu'il avait fallu inventer pour satisfaire aux exigences douteuses et faire en sorte que les lieux nous soient rendus maintenant et pour toujours.

164. Elle   Bribes variées, circulant dans des régions troubles et fermées, cherchant le contour flou et pénible des règlements à suivre.

165. Elle   Son infidélité comme drame élémentaire et obsédant, les exploits de son fils séducteur, la blessure du père, troublante de regrets.

166. Elle   Et à la longue, elle finirait bien par reprendre courage, la confidence avouée de sa détresse déjà, tout ce qui reste à dire, à faire, la vie dans tout ça.

167. Lui   Il ne chasserait plus, il ne ferait que regarder, emportant avec lui le regard fervent de celui qui a vraiment vu, le vol nerveux et retentissant d'un oiseau rutilant d'élégance.

168. Elle   Désormais, dans sa distance silencieuse, l'espoir parfois séduisant d'un retour à la source recouverte d'un mince filet de glace.

169. Lui   Il rêvait d'elle, de son corps maigre, la voyant parfois apparaître dans la vitre sombre de la cage, une ombre plaquée contre le battement de son cœur, la danse fébrile qui s'ensuit.

170. Lui   Pourvu qu'il y ait quelqu'un, une main volontaire, obligée, remettant patiemment les wagons de son jouet sur les rails de la colère.

171. Lui   Ce qu'il avait si bien fait autrefois par amour, il le referait dorénavant par profit.

172. Elle   L'absence de sa voix, ne fût-ce qu'une seule journée, le risque pénible de sa désintégration probable.

173. Lui   Tous ces objets surgissant à l'improviste, impressions profondes d'une force inouïe nous interpellant au moment même où l'on s'évertue dans l'aveu de sa parfaite inutilité.

174. Elle   La crainte émanant de sa voix trop forte, son désir de fuite si loin de ces lieux, l'oubliant à jamais, dans un coin sombre de son âme, son enfance en pleurs.

175. Elle   Déguisé sous un sarcasme éhonté se dissimulait le désir le plus inavouable de tous.

176. Lui   Près de l'autoroute, le projet chambranlant de leur autonomie retrouvée, les vacances anticipées dans l'aura de leur fortune évidente.

177. Elle   Sa voix entrecoupée de longs silences, ces temps
           comme un ennui perpétuel, un intervalle pour
           entendre souffler le vent sur la route, la terre dé-
           trempée d'indécence s'abandonnant au soleil.

178. Elle   La vérité comme seule stratégie pour atteindre une
           véritable grandeur.

179. Lui   Le doute envahissant à l'idée de poursuivre sa vie,
           d'en avoir effacé accidentellement les filières de
           l'illusion, du rêve, du mensonge.

180. Lui   Rentrer chez soi, se retrouver seul avec, dans le mi-
           roir, le contrecoup d'une vie qui n'en finit plus de
           se défaire, de s'effilocher d'émotion en émotion.

181. Elle   Ce qu'il aurait fallu faire pour se commettre en pu-
           blic, se retrouver pour se livrer comme à soi-même
           à corps défendant aux yeux du monde.

182. Elle   Et dans le temps, voir clairement ce qui se trame
           d'essentiel et de nécessaire.

183. Elle   La voix qui remercie pour la gratuité de cette chose
           que l'on voudrait bien abandonner pour toujours,
           pour la vie.

184. Lui   Quand bien même il ne resterait que ça, un es-
           pace de solitude à perte de vue, quitte à préparer
           d'autres vies, d'autres déceptions.

185. Lui   Celui qui écrit en marchant peut-il vraiment relire
           ce qui dure dans ses mains, sous le couvert d'une si
           grande urgence, imbu d'une si tenace et si grande
           détresse?

186. Lui   Pourquoi s'entêter, sous l'ardeur d'un bleu si intense, à voler des voitures quand il fait si intensément froid?

187. Lui   Demander ce qui restera quand tout sera défait et que les objets, au fond, ne seront plus qu'objets, comme autant de témoins silencieux et ridicules.

188. Elle   L'annonce triomphante et sans gêne d'un état d'esprit susceptible d'entraîner plusieurs secousses sismiques dans les méandres éplorés de tous les cœurs à l'écoute.

189. Elle   Dans l'écriture, voir la trace indélébile d'un sentiment grandissant dans le drame, les cris ne faisant que surseoir tant bien que mal à leur inévitable pâleur.

190. Elle   En manipulant cet objet dispendieux, elle se demandait son utilité véritable, elle qui en avait tellement désiré l'inévitable et imprévisible acquisition.

191. Lui   Il avait fait la rencontre d'un enfant dont le nom correspondait à une fiction, à une conception invivable et pénible de l'amour dont il ne connaissait au fond que la vague et aveuglante existence.

192. Elle   Elle avait lu dans une lettre des mots qui faisaient état d'un trouble inavouable, sinon dans la texture du papier imbibé d'une encre lourde comme le désir.

193. Elle   Je dirai comme toi, comme ce qui te blesse et te trouble, comme l'espace impossible où nous n'irons peut-être jamais vivre ensemble.

194. Lui   Il avait fait appel à l'ordre et à la justice pour qu'on lui redonne ce dont on l'avait privé autrefois; sa détresse de prisonnier, leur parole contre la sienne.

195. Elle   Cette musique ramenait l'époque où les soleils se couchaient dans les arbres, silencieux au travers des nuages de poussière, l'été, parfois.

196. Lui   Regards distraits sur les gens, sur leur agitation, sur leur ennui, tandis qu'il s'endormait ivre, sans égard pour leur joie factice, pour leur délire mensonger.

197. Lui   Nous n'avons plus qu'à parcourir les remous de notre destin, indifférents à la rumeur cherchant à nous détourner vers d'irrémédiables confusions.

198. Elle   Il revenait d'un séjour en famille, charmé par la séduction des enfants, leurs rires, leurs jeux éloignés des reproches, l'envahissement de l'innocence.

199. Lui   La mort l'avait plongé dans l'inquiétude et son amertume troublait l'amitié de ses proches; ceux qui autrefois l'invitaient à leur table se voyaient désormais pris à témoin de sa frayeur prochaine.

200. Lui   Inattaquable, glorieux de ferveur pour une loi sévère qui lui prédisait un avenir au-delà des rêves qu'il se refusait si sauvagement.

201. Elle   Vous viendrez, je vous attendrai avec la nourriture, et nous parlerons de la même voix, nous redirons les mêmes choses, inventant des mondes qui continuent de nous échapper.

202. Lui   Nous avons perdu le sens de la dépense, son regard nostalgique balayant distraitement une assiette où jadis gisait la nourriture.

203. Elle   Rapidement ils se dépêchaient de trouver des directions, organisant en vitesse une vie où la douleur prenait toute la place.

204. Lui   Ce n'est pas une si bonne idée de faire de moi ce que vous êtes en train de faire de moi.

205. Elle   Je présume que tu te consumes dans l'expectative, ses yeux verts devenant ta seule véritable priorité.

206. Elle   Je serai là, il n'y aura personne, je sais qu'il n'y aura personne, et ton absence sera soulignée par la chaleur et la quiétude des objets sans toi désormais.

207. Lui   Moi qui ai connu tous ces gens à qui je parlais avec mépris et qui me criaient des injures militaires tandis que je les dominais comme je les domine encore aujourd'hui.

208. Elle   C'est la nuit, je suis en train de refaire mon monde, à l'intérieur de ma tête, je refais mon monde, cherchant dans les murs des points d'ancrage où je pourrais étaler ma vie.

209. Elle   Je sais que l'enfer surgira à nouveau, ses flammes toucheront la pointe de mon cœur et je me consumerai de chagrin, cherchant une main tendue, errant de blessure en blessure.

210. Lui   Sa voix moralement autoritaire surgissait sous ses doutes incongrus, et sa fatigue, si seule et résignée, trouait l'espace où il assoyait son pouvoir.

211. Lui   Sa colère comique, effet d'une trahison dont la révélation le remplissait de colère.

212. Lui   Organisateur émérite, il composait des horaires dont le temps se vengeait, il le savait et, courant à sa perte, il fumait, fermant les yeux pour ne pas pleurer.

213. Elle   Elle avait apaisé ses craintes; il y aurait des rechutes, elle le savait, mais elle voulait évacuer cette crainte, faire en sorte que l'amour ne soit plus qu'un prodigieux sacrifice.

214. Lui   Quelqu'un l'avait frappée au cœur, toute sa vie durant elle soignerait silencieusement cette blessure, cherchant les mains nécessaires, la voix essentielle, le regard esseulé.

215. Elle   Nous avons payé le prix de la peine, il est temps de poser notre tête sur un oreiller de pierre, laissant venir à nous les rêves, les oiseaux, le murmure du vent.

216. Lui   Les gens se levaient à ses paroles et s'acheminaient silencieusement à sa suite vers des lieux désignés au gré de sa convenance.

217. Lui   Bâsir et ressourdre, deux mouvements d'un peuple à la rage blasée et sourde.

218. Elle   Le poisson était d'une cuisson impeccable; il regardait sa montre, s'imaginant voir se poser au haut d'un escalier son corps-filigrane descendu du ciel.

219. Lui Il parlait de quelqu'un qu'il n'avait pas connu, lui prêtant des intentions, lui inventant une vie où les rivières écrivaient des phrases complètes.

220. Lui « Vous, ici ? », comme la question du sphinx égaré dans un banquet d'enterrement.

221. Lui Il n'avait qu'un bras, et ses yeux faisaient surgir lignes et volumes dans la glaise, la couleur avouée d'une vie pleurée, d'une vie en exil, les tuiles brunes de la torture s'alignant dans un désordre fulgurant sur le béton d'un aréna de fortune.

222. Lui Le désir se loge dans les cordes de rallonge, les tuiles de céramique et les raisons obscures d'un colonialisme sévère et sans merci, mouvement prolongé jusqu'au plastique de la décoration intérieure.

223. Lui Sur un papier froissé, des chiffres, un code pour ouvrir les portes du paradis et départager encore une fois l'ombre et la lumière, les ténèbres et la vérité.

224. Elle La glace qui s'accumule, les retards, la sensation étrange et inexplicable que tout déplacement doit se traduire dans les échos ou les failles de la mécanique.

225. Elle Les mots espacés à des lieues de distance, comme les balises ralenties d'une peine accumulée, le désir qui clignote et le temps, en gants de cuir, qui fait de la dentelle.

226. Elle La précarité des produits, la patience qu'il faut pour attendre leur maturité suivie d'un dépérissement si soudain, si immédiat, si irréversible.

227. Lui   Il refaisait le monde à son image, à sa ressemblance, à son prix exact et irréductible.

228. Lui   Cette missive si adroite mais si inutile, comparée à la douleur de l'homme qui marche dans un asile, son pas précis marquant l'écho de sa douleur, et qui se souvient à peine de sa jeunesse gravée quelque part dans la fragilité éternelle du papier.

229. Elle Comme un ange déployant ses ailes dans la lumière, ses rêves tout haut parsèment le grain de sa peau, le rose de ses lèvres, ses mains dessinent des orages au plafond, ses pleurs humectent totalement sa poitrine.

230. Lui   Quelques souhaits, la politesse obligée des deux parties en cause, l'offrande généreuse et conviviale d'un logiciel, il n'en fallait pas plus pour faire renaître une belle amitié.

231. Lui   Il repartait, l'avion se poserait à l'autre bout du monde, là où il avait signé des papiers lui conférant tous les droits sur l'ensemble de sa vie.

232. Elle Patiemment, le temps de refaire tous les horaires, l'explication de leurs inévitables et obsédantes conjonctures, elle riait.

233. Elle Ils ont traversé la tempête en plein hiver, se demandant à chaque pas enneigé si le chemin du départ était plus court que celui de leur arrivée.

234. Lui   La preuve qu'ils auraient du plaisir, ils en parlaient déjà comme d'une promesse accomplie, le temps courant au-devant d'eux, agités d'un rire éphémère.

235. Elle Des mots parcimonieux et, entre les phrases, toute la douleur du monde comprimée dans le corps qui s'écroule interminablement.

236. Elle Elle en parlerait, la compassion reprenant le reste, admettrait ses torts, corrigerait les injustes méprises et les projets néfastes.

237. Lui Un jour, probablement, nous réinventerons la présence émouvante du temps, lui conférant une grandeur inavouable et une portée démesurée.

238. Elle Comment gérer la peine pour que chacun puisse y trouver son espace à la mesure de son bonheur réel ou anticipé?

239. Elle Il suffisait de déverser un peu plus d'âme entre les espaces vides, de recouvrir d'encre le blanc du papier, réinventant à n'en plus finir une fébrilité démesurée.

240. Lui Le nom de la voiture, l'espace américain traversé par l'élégance, redéfini dans ces quelques traits rebelles et obscènes.

241. Elle Le rêve en faillite, une quémande d'influence, un dernier regard avant de tourner la page, se retrouver comme une ombre sur le courage des murs, le mur derrière soi.

242. Lui En toutes choses, il nous faut considérer la solidité des matériaux, le travail de l'humidité et la résistance des structures.

243. Elle   Nous connaissons l'immensité de notre grandeur, et vous nous importunez royalement en insistant pour que nous prenions en considération votre détestable ignorance.

244. Elle   Je sais, nous faisons notre possible dans les délais les plus réalistes, compte tenu des restrictions financières qui nous assaillent, conditions fixées par ceux qui exigent notre perte et notre disparition à plus ou moins long terme.

245. Elle   L'insolence importune et charmante qui dit n'importe quoi, qui rigole pour le moment, une cascade dans un coin rempli de verdure.

246. Lui   Un jour nous vendrons des étoiles, nous déménagerons des galaxies, rien n'est à notre épreuve, et le temps n'a qu'à bien se tenir.

247. Lui   Il pouvait témoigner de la vacuité de leurs discours, de l'étalage de leur arrogance, et il en avait rapporté la conviction profonde d'un effort incessant, entrepris en vue d'aménager leur gloire posthume et leur mausolée immédiat.

248. Lui   Perché en haut d'un escalier, il parlait de convivialité, de réorganisations probables, de faits accomplis.

249. Elle   Je suis venue vivre parmi vous, il y a très longtemps, et mon corps ne mesure plus à présent que le mouvement éphémère et continuel de ces gestes sans cesse réinventés, en pensant aux courbes consentantes de vos épaules.

250. Lui   Une activité aussi fébrile, une marche aussi inces-
           sante, et malgré tout, le désir inassouvi d'échanger
           des secrets, de les écrire à perpétuité.

251. Lui   Tout est en place pour que nous soyons exacts,
           exaltés et extravagants dans notre plaisir d'accom-
           plir en commun des actes aussi durables et perma-
           nents que la pluie.

252. Lui   Le passage du temps défigure le passé, et nous res-
           tons reclus dans nos images approximatives qui
           s'étiolent dans la matière où l'on croyait pourtant
           les avoir momifiées à jamais.

253. Lui   Devant les méfaits d'un gaspillage chronique, il
           se plaisait à constater l'immuabilité inébranlable
           d'un état de fait dont il n'était ni le protagoniste
           ni le responsable avoué.

254. Lui   Le désir séquestré par le temps, l'ignorance excu-
           sant l'oubli, une situation qui stagne, un monde
           qui perdure.

255. Elle Comme un reproche dans la nuit, la lueur du jour
           mobilisait d'autres urgences.

256. Elle Lire les indices de la déchéance dans les produits
           non comestibles, la lente excuse de la misère, l'ob-
           sédant rappel du temps et le rire obligé qui nous
           en délivre.

257. Elle Le souffle porte les mots au-delà du regard, dans
           l'embrasure des départs et près du silence où le
           froid insiste pour se couler sur les routes qui se
           glacent à notre insu.

258. Elle Vous viendrez, je vous attends, coiffée de mon ineffable auréole, j'irai même jusqu'à sourire pour faire état de la portée que j'accorde à la munificence de mon royaume.

259. Elle Nous ne partirons plus, car nos départs sont ternes comparés aux exploits qui nous échappent, nous, qui resterons, ici même, égaux dans l'estime, seuls et solidaires du temps.

260. Lui Il verrait à ce que le vent des édifices se transforme en musique pour rappeler à tous le chant des arbres, la lumière et jusqu'à l'odeur de la forêt lointaine.

261. Elle Je suis semblable à celle que vous voyez, et ma beauté jaillit dans ma voix, impossible à endiguer, imprenable dans sa fuite et éternelle, quelque part.

262. Elle Faire en sorte qu'il n'y ait plus ce danger latent de se dissoudre dans la vie des autres, empruntant leurs gestes, vérifiant leurs horaires et subissant le contrecoup de leurs assauts répétés.

263. Elle Je voulais que tu voies cette photo, l'envers de mon âme gravé dans mon visage.

264. Lui Ils n'ont pas su gérer le trop-plein de leur misère, ils sont disparus sur un rythme qui continue de les secouer, même du fond de leur anonymat légendaire.

265. Elle Comme le registre perturbé par la voix grave de celui qui a choisi de se taire sauf sous le coup d'une continuelle perte de patience.

266. Elle La vibration du pouvoir gravée dans la voix de la fascination par ce pouvoir même.

267. Elle Voici venir le jour où nous ne pourrons plus dire que nous les aimions intensément et pourtant si mal, mais, au fond, intensément malgré tout, si intensément.

268. Lui Se rendre à la campagne et, la nuit, monter à la cime du plus haut des arbres dans l'espoir futile de voir la ville l'éblouir encore une fois du souvenir de son agitation.

269. Lui Il écrivait autre chose, quelque chose de plus exact, une autre version, une langue précise, l'abandon de ce qui se voulait autrefois une grande révolte, le retour obligé à la table honteuse de la démission.

270. Lui Les couteaux sur le feu en permanence, les fumées de haschisch parfumant leur vie embrumée, et sa soumission quand elle lui remettait sa laisse, même dans le grésillement d'un téléphone occasionnel.

271. Lui Nous n'étions pas du même monde, vous habitiez le cercle de la beauté et moi, la périphérie de ceux qui regardent dans le vide, cherchant vainement leurs mots à travers vos éclats de rire.

272. Elle J'aurais le loisir de te voir, mais qui me verra, moi, qui prendra garde, qui se souciera de moi dans mon salon, anonyme et songeuse ?

273. Elle En guise de conclusion, il avoua lui aussi sa crainte de se dissoudre dans l'âme et le corps de ceux qu'il aimait.

274. Lui La langue qu'il parlait, cette nouvelle langue qu'il apprenait, et la joie de confondre les deux dans une musique planant largement au-dessus de toute norme.

275. Lui Il insistait pour que la qualité ne soit jamais infirmée par ceux qui ne savent pas en reconnaître la troublante et exigeante consommation.

276. Elle Vivre quand on sait qu'il y a quarante ans, la vie n'était qu'une enfilade de promesses insouciantes, qu'un regard d'enfant dans le soleil couchant, qu'une éternité de bonheur.

277. Lui Une voix qui remercie, rapidement, avec l'émotion camouflée, et tout ce qu'on sait et qu'on ne saurait dire et qui reste en pâmoison comme le silence contraint d'un peuple.

278. Elle Il n'y a rien à faire, les animaux ne s'habitueront jamais à l'hiver, et de plus en plus ils se blottiront dans la chaleur, attendant résignés l'étalage bouleversant de la verdure.

279. Lui Sous le poêle, il revoyait la coquille lourde et épaisse du reptile, s'imaginant dans une zone tropicale, inconscient du fait que l'ardoise fait parfois cet effet-là.

280. Lui D'autres histoires où l'injustice se confond au gonflement de l'ego, au chant matinal du cygne enroué de la veille, à la colère à pleine bouche et au temps qui serre la vis.

281. Lui   Quelle idée de croire que la pauvreté puisse un jour s'éloigner de nous pour toujours quand chacun sait qu'on ne cesse de réduire les prix pour nous vendre à rabais.

282. Elle   Nous ne vivrons pas ensemble, nous habiterons nos cœurs comme des résidences secondaires, dans nos rêves consentants, à la dérive, ailleurs.

283. Elle   Je m'en irai, me levant de table déroutée, évoquant de vagues travaux, m'excusant distraitement et sortant à reculons pour mieux m'enfuir.

284. Elle   Je voudrais trouver les mots, ce livre qui me hante, les mots qui ne cessent de me fausser compagnie.

285. Lui   J'ai cette photo devant les yeux, sur métal, de gens qui ne diront rien, qui n'ont pas eu le temps de le dire, et maintenant, par contrainte, figés à jamais, ils se tiennent la main dans les mêmes sels d'argent.

286. Lui   Il voulait voir le monde enroulé sur lui-même, une mince pellicule bleue faisant office de frontière, mais le temps désertait en ligne droite, à angles droits, étroitement étanche à ces désirs circulaires.

287. Lui   Un mur dans la lumière, mais la mine du crayon se brisa, le laissant seul avec ses mains pour expliquer l'ampleur du monument qu'il avait conçu.

288. Elle   Le retour, un aussi long sommeil, le regard qui s'épuise, les yeux qui baissent et son sourire comme un éclat onctueux de rouge à lèvres et d'élégance.

289. Elle Je me demande encore ce qui reste des choses qu'il m'a fallu si longtemps pour mettre en place, retenant mon souffle à deux mains pour éviter leur émiettement en d'obscurs et lointains confettis.

290. Lui Tout le monde le dit, il vaut mieux ne pas s'éloigner; le retour nous a fait si cruellement défaut par le passé que désormais nous ne célébrerons plus que l'idée de notre longévité.

291. Lui La technique est simple, elle consiste à jouer avec la pression tout en gardant un sens aigu de la non-permanence des choses, le reste devenant vite un obsédant manège de répétitions.

292. Elle L'inépuisable enquête sur les détails de la chose, son prix négociable, son prix inavouable et la résonance du vide de toutes ces questions restées sans réponses.

293. Elle Je survis, épargnez-moi les détails, je sais bien que l'âme et le cœur sont des territoires interdits, la vengeance d'un dieu qui nous poursuit dans les couloirs de la mémoire.

294. Lui Quelques mots parcimonieusement distribués sur le désir latent et renouvelé d'un départ annoncé et remis, annoncé et remis, annoncé et remis.

295. Elle Quel plaisir de ne plus avoir à négocier avec l'ignorance des autres, la peur des autres, l'arrogance des autres, leur incompétence s'affichant nonchalamment et avec élégance, comme un état de confusion extrême et sans limites.

296. Lui   Il faut faire en sorte que nous nous retirions, que ce retrait devienne une feinte, une manœuvre susceptible de nous rapporter d'énormes profits, à condition de savoir en gérer les indescriptibles retombées.

297. Elle   Corriger n'est rien, mentir n'est rien si nous savons garder en tête la date et l'heure de notre délivrance, si tant est que nous avons déjà en main la preuve abondante de notre grandeur.

298. Elle   Nous irons dans des pays lointains, là où nous sommes attendus avec toute la splendeur que notre rang et nos modestes origines nous ont appris à exiger.

299. Elle   Sans quoi je rentrerai dans le désordre et la misère dont je me suis enfuie, sans quoi ma présence ne deviendra plus que le rappel obsédant de votre échec, une ombre portée sur votre rêve lumineux où l'ombre n'a pas sa place.

300. Elle   Je vous avais prévenue, mais ma voix s'est égarée dans le réseau de votre désir, et maintenant j'entends vos reproches et le registre perceptible de vos déceptions contenues, compactes et étouffées, dans les strates de votre souffle.

301. Elle   J'ai assisté en ton absence à la rage de leurs doutes, j'ai vu à quel point ta présence leur a servi d'excuse, et toi, qu'as-tu fait de tout ce vide tandis qu'on improvisait aussi allègrement sur le compte de tes erreurs?

302. Lui   Là-bas dans un parc, une marche interminable, un besoin de refaire ailleurs ce qui s'évanouissait ici même, la réalisation d'un rêve vieux comme la neige et dur comme le froid quand il nous glace de douleur.

303. Lui   Prendre en considération le fait qu'il ne peut y avoir de réponse, que les êtres humains sont faits d'imprévus, de drames et d'une douleur qu'il est toujours préférable de contenir.

304. Lui   Il savait tout faire, servilement, par une sorte d'esclavage consenti, un tour de magie, une ombre qui glisse dans le mur, le soleil troublant son visage, sa voix l'après-midi.

305. Elle   Je n'ai plus le temps de prendre note, plus d'endroit pour m'éclipser, je ne fais que revenir sur les lieux mêmes, au bord d'une falaise s'élargissant dans la démesure.

306. Elle   J'irai à sa rencontre et ma main se remplira de fleurs, et j'en reviendrai avec au cœur la conscience de notre erreur, et je pleurerai, et le temps passera, et j'oublierai peut-être.

307. Lui   Un jour, quand les mots s'engouffreront dans les fibres optiques de la banalité, qu'il n'y aura rien d'autre à faire qu'activer notre nom sur l'écran lumineux de notre perte, que l'Univers défilera enfin en toutes lettres.

308. Elle   L'urgence des dossiers en souffrance, le relief in-
quiétant de la panique, le rire nerveusement mé-
langé dans la voix, et le transfert de choses qu'il
n'est pas conseillé de nommer autrement que dans
une vague allusion à la chute des anges.

309. Lui   Il avait tant voulu cet emploi, et maintenant il se
détendait, savourant ses nouvelles fonctions dans
la chaise même où autrefois il s'assoyait, arrogant
et amer, pour maudire le monde, sa comédie, ses
artifices.

310. Elle   Il me faudrait la preuve écrite de votre vie bel et
bien vécue ainsi qu'une confirmation, signée de
votre main, attestant votre envie de vous rendre
sur les lieux mêmes où l'on se chargera de faire
mention de vos rêves et de vos états d'âme.

311. Lui   Autrefois, il avait rencontré cette personne dont le
nom lui rappelait de vagues souvenirs, mais main-
tenant, la mémoire s'éloigne de lui, une planète
exorbitante, le temps d'ouvrir les yeux sur le feu
de la collision.

312. Elle   La conscience des outils dans une marche volontaire
et sauvage où le rouge à lèvres tenait lieu d'échange
et de convention d'un certain désir malsain.

313. Lui   La mesquinerie des uns faisait écho à la banalité
des autres, au moment inégalé où l'on se partage
le monde de ceux qui, hier encore, se proclamaient
marchands de rêves.

314. Elle   Suivez-moi sur la piste, je garderai ma main très
près de mon sexe en dansant, je le toucherai peut-
être, vous verrez, venez, suivez-moi.

315. Elle   Ils ont inventé le plus cruel des jeux, chacun projetant l'autre dans une jalousie malicieuse et sans bornes.

316. Elle   Je me déteste d'être devenue si petite dans une aussi grande demeure, de ne rien vouloir d'autre qu'une restriction à la liberté de ceux qui ont commis la folie de m'aimer.

317. Elle   Avant sa mort, il disait ouvertement que la vie est un lieu vacant qu'il nous faut remplir d'excès, sinon quelqu'un d'autre emménagera dans notre espace, le profanant.

318. Elle   Encore une fois le dépassement de mes forces, encore une fois les effets de mon épuisement, la fuite éhontée de ma beauté dérivant dans l'avenir sous les attraits sublimes du charme dont je me défends.

319. Lui   Vous auriez dû être là, les choses que j'y ai entendues et que je ne peux m'empêcher de rapporter que par allusions imprécises et imbibées d'admiration.

320. Lui   Il faudra s'y résigner et tenter de s'y confondre, mais une mémoire sordide agite le regard comme autrefois, quand il se prenait en photo, sautant nu et sans égards sur les comptoirs multicolores des toilettes publiques.

321. Lui   Je vous remercie pour la jeunesse, pour votre présence; un jour je grandirai, je dirai autre chose, mais pour l'instant, recevez l'aveu incolore et sans saveur de ma gratitude.

322. Lui Quelques phrases à peine esquissées, entrecoupées de sourires et d'une pose trahissant la timidité, pour faire croire qu'il s'en sortait toujours à merveille.

323. Lui En échange de tout ce temps passé à aligner des mots que les autres reprenaient dans leur bouche, on lui proposait un temps et un espace à lui où il pourrait enfin, peut-être, préciser ses intentions magnifiques et définitives.

324. Lui Fouillant dans ses notes tel un rat dans son terrier, il jouissait à l'idée saugrenue de déterrer l'erreur qui le confirmerait dans l'obsession de sa rectitude.

325. Elle Il aimait les femmes, conformément à l'idée qu'il se faisait de leur beauté, et il n'hésitait pas, au besoin, à leur en faire le reproche.

326. Lui Il parlait de cet homme qui se complaisait à détruire sa vie à mesure qu'il la construisait de peine et de misère.

327. Elle L'ennui est à proscrire, même le sommeil devient une solution acceptable.

328. Elle Je ne sais que marcher, mon monde délimité par la fatigue, le froid, le temps.

329. Lui Ils construiront un monde de poussière, le vent éparpillera leur vie; attends et tu verras à quel point mes yeux ont vu déjà ce qu'ils verront plus tard.

330. Elle   La même phrase mille fois répétée, par tous les moyens, il tentait d'ajuster sa voix sur une fréquence dont il avait perdu le contrôle.

331. Lui   Il avait choisi de faire de sa contradiction cette chose exécrable dont il se voyait pour toujours la victime révoltée.

332. Lui   Nous devons faire en sorte que les choses se fassent selon une procédure dont je me dois dès aujourd'hui de contrôler les détails obscurs et futiles.

333. Lui   Un monde hargneux de petitesse lui ayant été légué génétiquement.

334. Lui   J'ai confiance que tout ce que vous imaginez avec acharnement se traduira un jour par une poussée fulgurante de ferveur et de mouvement.

335. Lui   Nous avons fait au meilleur de nos connaissances, la suite nous ayant plus ou moins échappé; il est donc inutile de préciser s'il aurait fallu inventer un monde ou se défaire de celui qui nous réclamait de droit.

336. Elle   Oui, oui, faites le nécessaire, le temps nous presse et nous savons que nous allons durer longtemps, ne reste plus qu'à régler des détails de méthode.

337. Lui   Souriant béatement, il racontait comment chaque maison possédait son instrument de musique et comptait au moins un musicien pouvant en jouer avec un ravissement digne d'une époque désormais révolue.

338. Lui   Il semblait constamment à l'affût de projets susceptibles de provoquer sa bénédiction.

339. Elle   Elle avait lu par distraction les révélations circulant
à son sujet, et son regard admiratif s'était soudainement figé en un large sourire de circonstance.

340. Lui   Toute cette comptabilité pour faire croire que
l'inévitable frappait toujours à la même porte.

341. Lui   Inutile de mendier, notre manière nous a rendus
semblables à ces générations d'êtres chétifs et misérables macérant leur rage dans le malheur.

342. Elle   Je vous ai aperçu au loin, une vision exclusive, et
maintenant je pleure, cherchant un lieu où déposer ma douleur, prenant ma patience pour un
mal.

343. Elle   Je resterai, je n'ai nulle envie de partir, je connais
trop bien l'imperméabilité de mon monde, la
source véritable du mal qui me trouble et ne fait
que jaillir, la fraîcheur exacerbée de ma bouche
éphémère, tremblante de chagrin.

344. Lui   C'était l'hiver, ils avaient revêtu leurs combinaisons futuristes, à l'épreuve de tout ce qui les avait
irrités autrefois et qui, désormais, aggravait la vulgarité de leur rire.

345. Lui   Le sommeil l'habitait comme un état d'âme, le
jour lui semblant l'injure suprême.

346. Elle Toutes ces images de refuges ont perdu leur sens à la longue, même après avoir constitué autrefois une tentative maladroite pour évacuer le désordre et habiter l'inquiétude d'un lieu sans véritable consistance ni dimension prémonitoire.

347. Lui Le froid ayant conjuré le monde en une immense couche de glace, il s'était enfin laissé emporter jusqu'aux confins d'un univers inconnu.

348. Elle Dans mon cœur, j'ai transporté jusqu'à vous les saluts d'un ami commun, ma timidité, ma beauté et mon talent trop exigus pour contenir un aussi vaste secret; je vous prie de m'excuser si je bois un peu trop.

349. Elle Désormais, nous ferons en sorte que notre vision soit indélébile, qu'elle ne donne prise à aucun reproche, que nous soyons délivrés des erreurs passées inscrites sur notre visage, et que la peur s'évanouisse à jamais.

350. Lui Mon nom figure quelque part sur une liste au cas où vous auriez besoin de ma gaucherie, de mes bricolages, de mes mains mal assumées et d'hésitations qui me vont à merveille.

351. Elle Entre les morts et les vivants, la volonté d'aménager un espace consistant, un passé virtuel, sans déroger au flot séducteur de son regard inondant l'espace vide, les murs éclairés, leurs textures, la fluidité de ses gestes, ses lèvres précises, exactes.

352. Elle   Nous provenons des mêmes lieux, notre destin géniteur et les insultes communes nous ont forgés d'un même souffle pour produire une entreprise qui nous entraîne au cœur même de nos traces.

353. Elle   Son regard lacérant, sa voix chancelante à la vue du sang qui se répand dans les eaux et qui lui donne à penser que le pire pourrait si facilement advenir, même si elle fermait momentanément les yeux.

354. Elle   Je suis absente, je le sais si bien, ma force étant de le savoir d'une manière ou d'une autre, de défaire les liens tissés sans arrêt par une urgence qui nous contient à peine.

355. Lui   Je ne peux dire vraiment si les rideaux d'un rouge décadent et baroque m'ont plu autrement qu'en réveillant chez moi un regard catholique, le sens du blasphème et la crainte de l'enfer encore une fois, mon Dieu, est-ce encore possible…

356. Lui   Feignant le doute comme toujours, mais éclatant nerveusement dans une colère fulgurante, il enfonçait son point de vue au son cassant des boules de billard sur lesquelles il est si glorieux de se venger à volonté.

357. Lui   Élaborer un ensemble de courbes vitales, le résumé succinct d'une vie approximative, à préciser encore une fois comme une erreur vague mais d'envergure.

358. Elle   Retour inépuisable sur le monde de l'informatique, ses parcours hasardeux, ses rencontres futiles et aléatoires au bout d'un monde qui s'endort à cinq heures du matin, au moment où les fibres se vident de tout ce qui les encombre.

359. Elle   Il avait la ferme intention de peindre ce qui resterait de l'indigence, de l'humilité, de la joie factice d'avoir retrouvé la preuve du corps mystique dans un hôpital de province.

360. Lui   Cette femme qui n'en fait qu'à sa tête, allant jusqu'à se montrer dans des vêtements interdits dont elle se départirait le temps d'un rôle, le temps de s'inventer une chimère à l'épreuve du temps.

361. Lui   Il avait quitté la ville pour un lieu vague, en bordure de la mer, et il en avait conçu une fuite dont il parlait toujours, fixant du regard le lieu absent du souvenir, se remémorant encore la chaleur et la pluie si fine d'un été enfui.

362. Elle   À tout prix, il fallait éviter les dangers de voir le rêve envahir la réalité, nous distraire d'un idéal identique à l'idée de notre continent vide, sévère et travailleur à outrance.

363. Elle   Je fermerai la porte le jour où j'entendrai l'aveu de ton ennui égalant celui de ta perte, je te jure, je fermerai la porte, même si je devais en mourir noyée dans mes larmes, je fermerai la porte, je te le jure.

364. Lui   La musique devrait prolonger les sons de la nature, une commande nébuleuse et obscure; je vous supplie d'attendre la suite avant de dissiper vos doutes.

365. Lui   Ils ont appris leurs gestes, oubliant la joie qui devait en jaillir, se fiant avec indécence au monde gris dont ils étaient le prolongement ineffable et indéfectible.

366. Lui   Il se délectait dans le récit de l'animal qui retourne manger dans le corps mort de sa proie, plongeant sa tête chauve sous la peau encore toute chaude.

367. Elle   Son envahissement profond, incisif, ses sourires arrosés d'amertume, sa jouissance administrative, l'ordre étouffant: un jour il entendrait tomber la clé au fond du puits.

368. Lui   Assis dans la nuit, envahi de toutes ces voix, il se demandait de quelle manière il aurait pu habiter le vide d'un lieu si rempli de rires.

369. Lui   Je voudrais graver ma vie dans la mer, me demandant à quel point vous en connaissiez la consistance et la surface capricieuse.

370. Elle   Une frustration provenant d'un désaveu des idées courantes, des photos d'une réunion mondaine, des séquelles d'une vie avant l'exil, d'une promesse impossible de retour.

371. Elle   Qu'importe si la bêtise nous envahit de toutes parts, puisque nous avons choisi d'être grands à tous les égards, nous laisserons aux autres le loisir de vendre leur âme.

372. Elle   Et ensuite, il n'y eut plus qu'un long silence, un aveu d'une telle amplitude sur l'échelle du cœur qu'il mit un terme à toutes ces années de travail, de doutes, de regards, de rires et de rage, un séisme démesuré conjurant la nuit sans éclat.

373. Elle   J'ai cessé d'attendre à l'écart; ma vie, autrefois tout en couleurs, s'est recouverte de noir pour ne plus être repérable, pour ne plus être celle par qui la couleur pénètre les lieux.

374. Lui   La neige descendait doucement, et les mots se déposaient dans la chaleur de la maison, comme autrefois quand ils habitaient un pays emmitouflé et merveilleux.

375. Lui   Durant des années, elle s'était fait les dents sur du pain dur; elle allait maintenant s'acheter une maison, prise au dépourvu par sa soudaine richesse.

376. Lui   Échafaudant toutes les combines au monde pour revenir dans la mer absolue, ils avaient immergé leurs corps dans l'ivresse infernale d'une nuit encerclée de flammes estivales.

377. Elle   Il y aurait sur place une unité de réanimation, les gens se baigneraient dans les glaces, ce serait l'été en hiver, le cognac coulerait à l'infini.

378. Lui   Remettre de l'ordre dans le flot du monde, dans son incessante confusion, son brouillon désolant, son insondable complot, son indésirable absence.

379. Lui   Je suis heureux d'être venu, d'avoir vu; c'est un privilège si rare de voir ce que si peu verront, privilège valant bien le retour par des routes glacées vers le lieu où tous les vents sifflent en même temps la même chanson froide des départs obligés.

380. Lui   Intarissable et fatigué, il racontait ses visites guidées dans des lieux banals et sans relief, une rue, un centre commercial, un guichet automatique, montrant avec éclat les avatars d'une civilisation en manque d'extase.

381. Lui   Je n'ai plus le temps, les ressources, l'énergie pour me plier aux caprices de ceux qui ont choisi de régresser vers la matrice de l'enfance, pliant les genoux sous le menton, attendant d'être transpercés par l'urgence de vivre.

382. Lui   Au fond, la chose importante ne serait-elle pas plutôt l'acte, le reste, au demeurant, la manifestation plus ou moins consentie d'une suite de regards déformants et réducteurs ?

383. Elle   Nous n'évoquerons plus cette rumeur, nous la tairons, nous dirons qu'elle a cessé d'être et, à la longue, le soleil reprendra sa place, exacte et débordante, le lieu sensible de la redécouverte ou d'une absence prolongée.

384. Elle   Et pendant qu'il circulait aveuglément, elle rêvait à des espaces dont elle ne garderait jamais aucun souvenir sinon celui d'un lieu circulaire où elle s'arrogeait le rôle du soleil iridescent, et lui, celui de la planète aveugle.

385. Lui   L'image de la nudité reconquise, un dernier regard sur l'enfance, l'espace du sacrifice se détachant contre la verdure, bruissant de toutes ses feuilles, les fougères imbibées de lumière.

386. Lui   Autrefois, il avait géré des armées et, maintenant, il s'attendait à ce que l'humanité lui soit redevable de l'ordre nouveau qu'il s'appliquait à instaurer.

387. Elle   Elle connaissait l'ardeur de la jeunesse, son désir de mettre au monde un monde infaillible, et elle en riait d'un rire engendré d'un grand orgueil.

388. Lui   Il avait appris sur le tard que l'exactitude est une chose précaire et qu'il vaut mieux, en certaines occasions, mesurer sans réserve plutôt que de porter le poids affligeant d'une irréversible et irrémédiable erreur.

389. Elle   Elle avait entrevu, hier, l'avalanche d'un monde qui s'écroule et aujourd'hui, s'agitant, elle vérifiait les preuves éphémères de sa survie, la fragilité de son monde démaquillé.

390. Elle   Faire en sorte que l'Univers ne soit plus qu'un amas de détails, l'ensemble se recomposant, de toute évidence, dans l'œil improbable de celui qui ne cesse de réajuster son regard, le vérifiant sans cesse dans un éclatement sans merci.

391. Lui   À contre-jour, l'être humain vu dans un miroir ressemble étrangement à un animal s'agrippant sur les rebords de l'objet, Narcisse revu et corrigé par les lois de la perspective.

392. Lui   Il se hâtait de prendre sur lui les mots et les gestes d'un inconnu, de quelqu'un parlant par intermédiaires, brisant le silence en temps et lieu.

393. Elle   S'assurer que l'énergie circule, que les gens arrivent ponctuels, qu'il n'y ait plus qu'un seul faisceau lumineux balayant un espace commun de rectitude.

394. Lui   Se souvenir de choses évanouies dans la distance commune, invérifiable sinon dans la mémoire mille fois refaite et mille fois perdue.

395. Lui   Les yeux, la voix, le sourire et le plaisir partagé mais depuis si longtemps proscrit.

396. Lui   La persuasion indubitable d'accomplir une œuvre magistrale dont la grandeur s'affirmait de jour en jour comme musculaire et tendue.

397. Elle   S'enfuir sur les ailes de la nuit pour prendre refuge dans les flammes de l'enfer.

398. Elle   J'irai vous voir, j'emporterai avec moi mon cœur, et mes yeux verront ceux de votre ange, celui qui s'incline sur scène pour saluer la couleur s'étalant à perte de vue.

399. Elle   Ils nous méprisaient pour notre défaite, notre insuffisance et la rage héréditaire que nous n'avions pas su dissimuler sous l'éclat perturbant de leur regard provocateur.

400. Elle   Entre plusieurs arrêts ponctués de phrases gauches et mal conçues, il se dirigeait vers la sortie, fuyant le lieu de sa peine, les circonstances aggravantes de son absence anticipée.

401. Elle   Il est inutile d'insister, votre appel restera sans recours, et l'on viendra vous prendre pour ne pas avoir su faire provision de la plus élémentaire des prudences.

402. Lui   Le spectre de la déception transmué en éclats de rire incontrôlables.

403. Elle   Un jour, je m'enfuirai loin de ce pays anonyme, je ferai provision d'oubli et je jouerai pour d'autres les fantasmes qui, pour l'instant, n'intéressent que moi.

404. Lui   Faut-il subir en plus les fantasmes légionnaires de ceux qui n'ont jamais pris la peine de mesurer les ressources restreintes qui sont forcément les nôtres?

405. Lui   Nous avons l'intention d'insister pour propager nos volontés à ceux qui ne savent pas le peu d'intérêt engendré par nos vies auprès de ceux qui s'appliquent à nous le souligner.

406. Lui   Toutes ces rencontres, bien que inconséquentes en soi, ne sont nullement fortuites.

407. Lui   Il faut faire en sorte que l'ordre règne, et alors nous pourrons asseoir nos vies sous le chêne de la vérité, exigeants et imperméables au regard nerveux de ceux qui nous menacent constamment de leur confusion.

408. Elle   Je voudrais me libérer de cette douleur accablante qui m'enlève toute vertu, me rend incapable de déployer mes ailes, le poids de ma vie suspendu à mon cou, déplorable d'amertume.

409. Elle Une chose m'importe, une seule chose : que vous reconnaissiez ma présence et, dans la lettre qui en résultera, je voudrais lire exactement à quel point je vais vous manquer.

410. Elle On me fera parvenir le récit de votre vie que je connais si bien ; on m'a même demandé si je vous connaissais, moi qui vous connais si mal.

411. Elle Je vous serais reconnaissante de me faire part de ce qui perturbe l'emploi de votre temps, puisque vous n'êtes pas sans savoir que le temps nous est compté, la suite demeurant toujours improbable, la déception nous guettant comme un miroir.

412. Lui Autrefois, il était encore possible de faire apparaître des mondes et même d'en savourer l'inépuisable reprise, l'écran minuscule exagéré par la grandeur de notre âme.

413. Elle Je cherche par tous les moyens à retarder le moment inévitable où tout basculera dans le souvenir, je travaille ferme présentement à empêcher la fabrication d'une mémoire dont l'oubli serait le seul recours et la perte le seul moyen.

414. Lui Je ne sors plus, je cultive une solitude qui me donne la ferme conviction d'être complètement en contrôle, sans égard à ceux qui voudraient m'emmurer dans cette colère, dans cette intolérance et dans cette nonchalance imbue d'orgueil et grave de dignité.

415. Lui Il faut craindre au plus haut point les trous de mémoire où se faufilent des intervalles interminables, des instants de pâmoison insoupçonnés, où se profilent la perte du souffle et toujours ce silence lancinant comme un fil tendu dans l'abîme.

416. Lui Il faudrait s'appliquer à ce que la marche fasse en sorte que toute notion de déséquilibre en soit bannie, la lumière pénétrant encore une fois la texture, le relief, le grain, la couleur sombre et généreuse qui fait monter la forêt au ciel.

417. Elle Leur ignorance est touchante, mais comment faire pour en contrer la dévastation?

418. Elle Nous sommes à l'étape épuisante où nous devons nous multiplier par trois, le vent de la colère hurlant partout dans les décors délabrés des couloirs de l'abandon.

419. Lui Parfois une seule soirée, une seule nuit, et la vie reprend sa marche, l'attente conditionnelle d'un client potentiel, la couleur résignée au fond des tubes, le bruit des verres sous les réflecteurs, tout ça.

420. Lui Un jour, âgés, pauvres et chétifs, nous repenserons avec nostalgie à l'époque où il nous était loisible d'acquérir à rabais le monde et ses images essentielles.

421. Elle Il existe, sur le marché, des reproductions synthétiques d'une fidélité si exacte que, vu d'une certaine distance, le monde ne semble plus que l'ombre portée de l'illusion dont il dépend.

422. Elle   Je ne peux plus contenir une douleur qui me pousse sans cesse vers d'aussi sombres et sinistres conclusions, je vous prie de m'excuser si je ne peux faire autrement.

423. Elle   Je comprends tout, à un point tel que la haine est en voie d'infiltrer mon cœur, ma solitude restant quand même garante de la rage qui m'habite depuis toujours.

424. Lui   Il faut faire en sorte que chaque chose retrouve sa place exacte dans le vaste magma qui nous contient, le monde retrouvant ainsi sa consistance profonde et infaillible.

425. Lui   Il avait souscrit au discours amer de celui qui ne sait rien faire d'autre qu'attiser les vieilles braises de l'ignorance et les remous sévères de la dissension.

426. Lui   Je fais en sorte que l'on m'entende, ma contrainte de vivre avec la voix dans les oreilles des autres, ma présence rapprochée comme un graffiti constant défigurant le tableau noir de leur souffle.

427. Lui   Sans se douter que l'on comptait sur lui pour que s'étende le règne de la lumière sur toutes choses, pour que le regard se confonde dans l'obscurité et qu'on y accède délicatement au moyen d'une fente secrète aménagée dans le mur de la nuit.

428. Elle   Et au su de tous, la voix qui insémine la même chanson dans toutes les mémoires.

429. Elle   Où et comment arriver à pratiquer une insertion pour que le moindre rêve retrouve sa place dans un agenda aussi rempli ?

430. Lui   En autant que je puisse me donner comme marge de manœuvre l'idée extensible et saugrenue que le monde restera toujours intact, que la vie se propulsera vers l'avant et que la couleur ne fera que s'étendre...

431. Lui   Lui aussi, il avait des exigences terrestres et temporelles; lui aussi, il imposerait à la musique un silence élémentaire; lui aussi, il savait exhiber les traces d'une solidité à toute épreuve, quand passaient les caravanes chargées d'or, de chaleur et de lumière.

432. Lui   On aurait dit des images surgies d'un théâtre millénaire, ces regards fatigués, cette complaisance dans l'inutile, un immense pied de nez au destin.

433. Lui   Un jour, je monterai dans un camion rouge et or, et je m'envolerai sur une route où le temps n'aura plus les griffes ni les dents assez longues pour me ralentir.

434. Elle   Je voudrais que ces paysages soient conservés dans une urne de verre, le sable entassant les souvenirs, mes mains demeurant inactives comme mes yeux dans un dernier regard sur l'eau.

435. Elle   Prenez garde, pendant que vous dormez, je raconte sur vous des choses gravées à jamais dans la mémoire de ceux qui m'écoutent de toute éternité.

436. Elle   Je me demande si je dois continuer à jouer cette vie ou garder l'œil ouvert tandis que les autres jouent la leur, insouciants du corps qui les guette, épiés jusque dans la cause de leurs gestes.

437. Elle   En balayant du regard l'espace de la cafétéria, elle parlait de la tolérance comme antidote à l'énergie fulgurante et bariolée de ceux qui répandent leur rage dans les terrains de stationnement, gravant leur haine au couteau dans les murs modernes et bétonnés des institutions du savoir.

438. Lui   Il y a lieu de répertorier dans votre mémoire les failles et les séismes qui ont engendré un malaise aussi vaste de même qu'un aussi profond malentendu.

439. Lui   Autrefois, on nous méprisait ouvertement et sans excuses, allant même jusqu'à rire de notre manière de marcher en public.

440. Lui   Regardez comment les images se pénètrent et comment, par l'activation d'une simple commande manuelle, on arrive à créer des effets où la lumière et la magie s'unissent pour donner l'illusion autonome du mouvement.

441. Elle   Excusez mon retard qui n'est pas un vrai retard, puisque vous n'avez même pas daigné lever le moindre doigt pour prendre note de ma présence.

442. Elle   L'espace et tout ce qui s'ensuit, les raisons de l'habiter, de faire en sorte que les mots en deviennent une extension, une danse inoubliable, une déclaration d'amour.

443. Elle   Autrefois, pour survivre, j'avoue, j'inventais des mondes du matin au soir dans les autobus, attendant le moment exaltant de descendre pour de bon.

444. Lui   Et c'est alors qu'il avait entrepris de déchirer une à une des images qui ne lui appartenaient pas sous le regard incrédule de gens venus l'interroger.

445. Lui   Il craignait qu'en se retirant trop vite des discussions on en vienne à mettre en doute les révélations dont il se croyait l'inestimable prophète.

446. Elle   Là où la neige s'empile, là où la fièvre accomplit chaque jour ses ravages, le cri nocturne d'un enfant hurlant à la mort, la pente illusoire et fortement inclinée du lit à la veille de rejeter son corps en sueur dans la mer.

447. Elle   Sa gentillesse extrême, lui qui vivait depuis toujours dans l'attente maternelle, comment aurait-il pu ne pas succomber à ses gestes délicats et à ses yeux étrangement orientaux?

448. Lui   Son désir, coloré d'une volonté de pénétrer l'esprit, le moment précédant l'entrée des mots dans la bouche, les limbes où sont stockées les idées attendant patiemment d'être éternellement sauvées dans le paradis du papier.

449. Lui   Tandis qu'il parlait, sa mémoire à elle prenait des notes, ses yeux clignotant chaque fois qu'il émettait une idée nouvelle.

450. Lui   Quels mots mettre dans la bouche du pouvoir quand il cherche à vendre l'idée que la conscience est une ressource aussi naturelle et aussi renouvelable que la forêt, l'océan, les larmes ou l'éternité?

451. Elle L'expérience justifie l'amnésie des renseignements et l'écriture n'est plus qu'un rappel, le plus délicat du monde, car l'amnésie est une maladie et non un vice de forme ou vice versa.

452. Elle Quelque chose de frappant, de nécessairement prenant dans la manière d'assumer une présence, l'âge ou un effet du genre, une expérience, une allure, un poids.

453. Elle Elle s'appliquait à retenir le plaisir pour se complaire dans l'accomplissement des tâches banales et fastidieuses qui encombraient sa vie.

454. Elle La reconnaissance soudaine de ce qui s'en allait, anonyme comme une ombre, rampant sur l'asphalte, le parcours indulgent d'un mouvement ininterrompu sinon par le sourire des enfants, leur propension à agiter leurs mains sincères dans le cercle du vide.

455. Lui Qu'aimeriez-vous que je dise de bien ou de mal de vos agissements, du sens que vous accordez à votre agitation, à tous ces moments figés dans l'oubli d'une réponse?

456. Elle La raison pour laquelle il y a lieu de louer à tout jamais les délices de la connaissance, comparés au travail qui tache, à la dignité blessée, au corps qui s'écroule sous l'effet d'une fatigue innommable.

457. Lui Il revenait du lieu où toutes les douleurs aboutissent, gisant sur le grabat du mépris, essayant désespérément de rattraper le rire qui l'avait rendu célèbre aux yeux des uns et cruel aux yeux de tous.

458. Lui   Tranquillement, le bonheur étalait sa marque, ré-pétant tout bas les mots éteints et les moments forts de l'attendrissement, complice du temps quand il plonge dans l'abîme, refaisant les gestes autrefois si désabusés d'une mélancolie traître et soudaine.

459. Elle   Je suis navrée de toutes ces excuses, il me semble que la vie serait en droit d'exiger une plus grande indulgence; je suis revenue de si loin, de nulle part en fait, pour me prendre dans le piège de vos bras.

460. Lui   D'ici peu, nous irons en ville, nous transporterons avec nous des images neuves, et belles, et magi-ques, et étourdissantes, que nous jetterons aux poubelles une fois revenus.

461. Elle   Au loin, l'écho terrible du cri des enfants que l'on soumet à la torture; nous avons mis deux panse-ments sur une immense affiche, vous ne voulez pas signer notre pétition.

462. Lui   Un pincement au cœur s'est emparé de moi en te voyant enlever la neige sur la tombe de la célèbre défunte; moi aussi j'ai vu les lettres gravées, les dates et surtout ton regard cherchant à contenir tout ce blanc qui cimentait le noir des pierres.

463. Elle   Mal à l'aise entre le silence et la parole, riant et collant son corps presque sur lui pour dire à quel point elle était fière de ce qu'elle venait de voir; dans sa posture sonore, il réalisait l'étrange extase que produisent certains rayons lumineux dans la fragilité de certaines mémoires.

464. Lui   Son intention avouée d'injecter dans la voix des his-
toires vécues, des anecdotes frôlant le vide, dérapant
dans les virages de la nostalgie, l'écoute privilégiant
toujours le banal et le ridicule, la côte abrupte dans
laquelle s'écroulaient tous les attelages.

465. Elle   Dès la première question, vous n'entendrez plus
mon souffle, je me dirigerai d'un pas ferme vers le
lieu où les appels ne cessent d'arriver, imaginant
votre maladresse, votre paysage et vos mains qui
circonscrivent des espaces maladroits au moment
où les mots vous font défaut.

466. Lui   Bientôt, nous mettrons en circulation des rêves
congelés, les gens s'informant auprès de nous pour
s'enquérir de leur fraîcheur, notre mise en marché
accompagnée d'un guide très élaboré, permettant
ainsi de conserver la qualité même quand ils se-
ront périmés.

467. Lui   Parlez-nous de vous, faites appel à la contenance,
restez dans les limites de notre temps, le même qui
nous est si précieusement compté pour faire état
des progrès de l'industrie sur le recul évident de la
conscience.

468. Elle   Comment font-ils pour nous retrancher ainsi dans
les méandres de la grisaille, inventant sans cesse
de nouvelles recettes pour faire en sorte que s'es-
tompe dans le miroir le peu de visage qui nous
reste?

469. Lui L'identité passe par l'agitation des drapeaux; je comprends tout ça, réalisant que notre discours est un mors aux dents, même si mon désarroi, souvent, me porte à dépasser ma pensée, convaincu de votre présence; même à ça, à quel point le passé a-t-il contaminé le présent et même l'avenir, si vous en avez idée?

470. Lui Il partirait en voyage, touriste des temps modernes, nimbé d'une auréole éblouissante, infecté du désir d'accéder enfin à la conscience profonde, contemplant les graffitis d'un destin dont les autres s'appliqueraient à maculer les tours de verre et l'acier indéfectible des nouveaux canyons.

471. Lui Entre-temps, ils s'étaient installés, déjà ils jargonnaient dans une langue étrangère, tandis que nous, toujours exclus, toujours ignorés, nous disposions sur une table, au su et au vu de tous, les appareils dérisoires qui nous reliaient depuis peu au reste du monde.

472. Elle Je vois l'abandon inscrit sur votre visage, lui donnant cet air de gravité qui vous sied si bien, alors que je constate votre écroulement dans les corridors du doute et de l'ennui, mon bras étranger à votre épaule, ma main mesurant déjà les dégâts, la peine, et la suite improbable d'un monde en éclats.

473. Elle   J'ai tant besoin de vous, même si je connais le seuil de votre douleur, votre fuite incessante, votre malaise inaltérable, embrassez-moi, je ne quitterai plus le seuil de votre bouche, même si je suis en train d'oublier peut-être qu'elle contenait jadis tout l'amour du monde.

474. Elle   Vous devez poursuivre votre intercession, même du bout du monde, vous devez prolonger cette activité affligeante et, un jour, peut-être alors entendrez-vous quelqu'un prononcer votre nom, le diadème se posera délicatement sur votre front indigne, il en jaillira une lumière insoutenable, les anges aveugles tournoyant dans la voûte de votre tête, ne vous réveillez surtout pas, il est primordial de rêver.

475. Lui   Il faudra abattre X : son gaspillage angoissant, son sens de la démesure mettent en péril les fragments déconcertés de notre pouvoir.

476. Elle   J'ai admiré votre sens de l'humour, le travail délicat effectué dans des conditions difficiles, je me souviens de vos mains, des chansons que vous murmuriez à mes oreilles les soirs de fête, de l'odeur de l'alcool que les démons vous inspiraient.

477. Lui   C'est peu, je sais, pour contenir toute une vie, mais il faut faire vite, car la lassitude épuise et l'attente d'un dossier risque de fatiguer les écrans les plus endurcis, sauf quand les cachots du désir nous ouvrent leurs portes.

478. Lui   Il se résignait à d'interminables conversations, à sa marche, à ses cigarettes trahissant sa nervosité, à un agacement évident, à la douleur, à l'épuisement allongeant une main tremblante vers son sexe.

479. Lui   De l'avoir vue se trémousser ainsi sur la scène, ses gestes exacts et langoureux, l'idolâtrie s'imposait; de son lieu obscur, elle énonçait aux faibles d'esprit des absurdités néfastes en route vers le temple de la soumission, là même où elle avait enfermé le secret de ses grimaces, peut-être… peut-être.

480. Elle Oui, je comprends, je comprends bien, mais vous n'êtes pas sans savoir que j'ai toujours fait amende plus qu'honorable, allant jusqu'à payer ce qui m'appartient, alimentant les caprices de ceux qui n'ont rien d'autre en tête que de faire accéder leur projet maladif à une supériorité de pacotille.

481. Lui   L'an prochain, jour pour jour, je ferai état de l'embarras historique dans lequel fut plongée toute une génération, qui ferma les yeux pour mieux se gaver de sermons alors qu'on la dépossédait de l'essentiel, allant même jusqu'à plonger la main dans son intimité profonde, en ressortant livide et coupable jusqu'à l'exil.

482. Elle Ce qui se fait en un clin d'œil, autrement, quand il s'agit de dégrossir la pierre pour en libérer l'âme, par exemple, toute une vie.

483. Lui   Toujours le même regard obscur, buté à fixer les nœuds dans les planches tandis qu'à quelques pieds à peine on traçait les plans, le creuset même des grandes lignes de la présence.

484. Lui   Reprendre les propos de la veille, renoncer, comme si on tenait toujours l'aura factice et sans merci, et conciliante, et séculaire, d'une autorité à toute épreuve.

485. Elle   Savoir l'étendue des dégâts, dans quel lieu obscur se reconstitue ton âme, à quel point alors je serai heureuse de repenser la désagrégation du monde dans le sens d'un départ éventuel et d'un réaménagement continu.

486. Elle   Je reçois cette insulte comme un outrage surgi de la nuit des temps, mon cœur si lourdement éprouvé de toutes ces pertes, de tous ces retours, d'effusion en effusion.

487. Elle   J'étais ivre sans avoir bu, je mangeais même de la viande rouge, errant dans les coulisses d'un drame infini où le pouvoir me baisait la main, attendant d'entrer en scène pour y exhiber mon troublant bouleversement.

488. Lui   Nous vous saurions gré de bien vouloir signer sur la ligne prévue à cet effet, votre démission faisant constamment ombrage à ceux qui dorénavant regardent passer les trains en rêvant secrètement d'une manière efficace de les dévaliser.

489. Elle   Vous avez vu la cage que désormais je m'applique à refermer, lui conservant cet air rustique, semblable en tous points à la forêt qui m'entoure.

490. Lui   Qu'il en soit fait selon vos caprices, mais je connais l'endroit où se cache un engin capable de mélanger le feu et la lumière, et susceptible de créer une grande confusion.

491. Lui Vous n'avez pas pris grand temps pour me remplacer dans la confection uniforme des murs auxquels vous souhaitez suspendre les images qui donnent un sens à votre destin, ma main malhabile bannie de votre regard.

492. Elle Il y a tant à dire, l'écran aléatoire de ma voix, la lutte incessante contre la musique, le bruit du moteur où je risque de prendre forme, sombrant soudain dans la distraction de ceux qui disparaissent dans les feux rouges.

493. Lui Nous avons tant de projets, tendus vers la conscience certaine d'un propos qui tôt ou tard se doit d'aboutir, il n'y a plus lieu d'en douter.

494. Elle Comment croire à la preuve d'un amour si démesuré alors qu'elle ne m'adresse même plus la parole, passant devant moi à toute vitesse, me renflouant jusqu'aux frontières de mon chagrin ?

495. Elle Une femme en pleurs, inconsolable dans son rêve, le texte qu'elle lisait de ta main qui parlait de la mort d'un de ses proches, du brouillard au loin, du cercle de nos condoléances, du vent jouant dans les nuages.

496. Elle Cet enfant qui, à l'inverse de moi, deviendra musicien, cet enfant à qui je dis chaque jour de s'enfuir à tout jamais de cette terre misérable, échangeant une conscience probable contre la verdure infaillible des billets de banque.

497.   Elle   Mon corps épuisé au point où mon âme se liquéfie dans les fibres synthétiques du plancher, vous voudriez échanger votre voix contre ma fatigue, murmurant dans la membrane d'un microphone, submergé de passion.

498.   Lui   Il lisait, dans le bleu des affiches, la preuve déraisonnable de l'esprit qui bientôt risquait de l'engloutir, revoyant par terre les morceaux déboulonnés du discours qu'il détestait.

499.   Lui   Sa voix nouvelle, à peine teintée des contradictions dont il aimait s'entourer, se dédisant allègrement sur le plancher des commissions d'enquête et des débats publics.

500.   Lui   Pénétré de la pensée des lieux, je vois le doute faire place à la danse, tournoyant autour d'une table, des mains sereines posées sur la surface vernie, des poings enfoncés jusque dans la voix où le désir s'épuise.

501.   Elle   À la radio, dans le flot des banalités matinales, j'ai cru comprendre que vous cherchiez quelqu'un pour le rôle du loup, et je suis prête à ce sacrifice, la bête chargée de toutes les solitudes, je suis prête, faites-moi signe.

502.   Elle   La nudité existe partout, j'en ferai partie, réalisant un rêve lointain, dansant seule au milieu de mon exclusion, imaginant le monde à mes pieds meurtris.

503.   Elle   Et toujours cette peine impossible à juguler, l'aveu constamment démenti d'un besoin complètement réprimé, un obsédant contrôle de l'autre.

504. Elle Sa voix changée, cette monotonie, ce poids pré-
sumé d'un aussi long sommeil pour parer à l'usure
du temps, à tous ces sourires factices, et toujours,
cette intercession dans des occasions de plus en
plus étranges.

505. Elle L'impatience s'agite entre deux rires, entre deux
classeurs, entre deux documents où le monde se
range de lui-même par ordre alphabétique.

506. Lui Il l'avait aidé à ne pas s'égarer dans des époques où
l'histoire et le drame se confondent en un faisceau
séduisant de vengeance et de blasphème.

507. Elle La terre comme un écho lointain, la mer en sur-
plus, et toujours ce regard intense à travers les ar-
bres, les choses qu'on y aperçoit, qu'on ne peut
répéter.

508. Lui Parcourant des yeux un catalogue froissé, il se pre-
nait pour le prophète digital des nouvelles mer-
veilles, de ceux qui se déplacent allègrement dans
l'ultraléger, dans l'ultramince, dans l'ultrason, le
visage dilaté de l'enfant écoutant aux portes de
l'utérus.

509. Elle Ce livre égaré, renfermant peut-être une partie in-
trouvable de ma vie, oublié, flottant peut-être, qui
sait, dans une marée de boue ou embaumé, encore
mieux, dans la glace durable d'un hiver sans infini,
je le cherche sans espoir peut-être et résignée sans
doute.

510. Lui La citation à l'effet que les petites cultures sont confinées à des espaces forclos et circulaires, une longue logorrhée où les mêmes mots ânonnent les mêmes mantras.

511. Lui L'œil fermé sous l'effet des médicaments, il cherchait quelqu'un de disparu peut-être, sait-on jamais.

512. Elle Proposition imprévue pour rencontrer une idole tandis qu'attendait ailleurs le récit interminable du quotidien s'étirant à perte de vue dans un livre trop vaste.

513. Elle La voix, les redites, l'accent appuyé sur l'espace obsédant, et toujours le même propos séduisant teinté d'angoisse de la terre absente.

514. Elle À la longue, le reproche de ma vie se transforme en erreur perpétuelle, en abus constant, et mon corps dans tout ça, mon corps, lui qui ne dit rien, qui ne fait qu'attendre, servile, ployant sous les injures, inquiet du trouble profond qui perdure et sévit dans les capillaires ou ailleurs jusque dans les noyaux.

515. Lui Je ferai en sorte que la lumière pénètre les murs, qu'elle soit à peine plus lourde qu'un grillage illusoire, la beauté des traits répandue sur moi comme une bouleversante et déplorable obsession.

516. Elle Rentrée d'un voyage laborieux, je vous exhibe les signes évidents de ma détresse, adressant des blâmes à tout un chacun, m'exonérant d'une tâche dont je mesure si mal le poids et la distance.

517. Elle   Une longue liste d'accomplissements problémati-
ques, des journées découpées en fines tranches, des
heures perdues au téléphone à fabriquer avec appli-
cation des objets d'une beauté exotique et sauvage.

518. Lui   Bête et détestable, sur un ton de voix d'une arro-
gance inébranlable, il proférait des insultes à ses
amis, les blâmant ouvertement pour le désir cham-
branlant dont il s'estimait l'indélivrable victime, le
mâle dépossédé dans son corps faillible.

519. Lui   «Nous avions bu», disait-il pour excuser son ab-
sence et dresser l'inventaire des joies factices de
son corps soumis au plaisir, ce qu'il plaçait bien
au-dessus de l'amitié et autres conneries auxquelles
il avait plus ou moins souscrit autrefois, invoquant
le démon de l'alcool, qui ce soir-là l'avait exaucé
bien au-delà de ses prières, le sexe en supplément
dans la bouche, un liège au goulot de tous les dis-
cours possibles.

520. Lui   Nous verrons à ce que les proportions soient res-
pectées en tous points et qu'il n'y ait point de
dissension sur le fait que tous les corps puissent
converger vers un point fixe.

521. Elle   Les mots glissaient de sa bouche, une provoca-
tion entre deux morsures dont elle se croyait l'ir-
résistible propriétaire; en fait, peut-être l'était-elle,
peut-être l'était-elle devenue bien au-delà de la dé-
lectable détresse qu'elle propageait à son insu.

522. Elle   Ils ont renoncé à voir mon cœur, mon épuisement
chronique insuffisant à les convaincre de la cou-
leur blafarde envahissant constamment mon corps
fragile et dénudé.

523. Lui   Inutile de s'éterniser en palabres inconséquentes, mieux valait passer aux actes, la page blanche faisant office de bouclier; le feu du ciel pouvait enfin tomber sur la Terre, pourvu qu'on puisse encorc entendre, dans le champ de lice, le galop des chevaux.

524. Elle   J'ai attendu longtemps qu'une machine me remplace, tandis qu'elle, elle est restée, soumise et rémunérée, échangeant sa conscience sévère contre une risible aisance.

525. Elle   J'écoute de mes oreilles incrédules l'idée absurde que tout est dans la manière, le reste se résorbant dans une ennuyante et regrettable reprise.

526. Elle   Maintenant que nos regards se croisent à peine dans l'échange de notre souffle, comment pourrais-je encore douter que le silence est à la veille d'advenir?

527. Elle   Qu'arrivera-t-il si ton départ s'avérait sans retour au point où j'en perdrais la voix, au point de ne plus pouvoir insérer mon rire dans la circulation intense de nos vies?

528. Lui   Ils ont la bouche pleine de mots, mais personne ne leur a dit encore de quitter la table pour aller vers le lieu improbable du sommeil, là où la nuit obscurcit la forêt, où sont enterrés nos désirs de danses tribales et concentriques.

529. Lui   Chaque jouet valant son pesant d'or, oui, je sais, j'avoue, mais sans ces prothèses magiques, à quoi nous servirait-il de regarder le même monde englouti et insalubre comme une eau imbuvable?

530. Elle   Pour le moment ils s'aiment, la rivalité ne fait pas partie de leur programme: ils se jaugent comme des énigmes plutôt curieuses, leur cœur nimbé de générosité et débordant de compassion.

531. Elle   Je déteste mon image, ma photo, une affligeante torture, je préfère le rôle du voyeur, celui qui voit sans être vu, être aimée pour ce que je ne sais pas être, pour ce que je ne serai jamais.

532. Elle   Des vies partagées, inconscientes de la colère qui surgit soudain en un faisceau fracassant de rage et de détresse, les mots en feu dans la bouche, flambant dans l'enceinte tremblante du désir.

533. Lui   Déjà il anticipait la durée, l'odeur des lieux, la musique suant à grosses gouttes et, quelque part dans la pénombre, le regard distrait d'un spectateur égaré au milieu d'images qu'il enveloppait avec le plus grand soin.

534. Lui   Dites-moi si c'est ainsi qu'il faut lire sa vie, les lettres me semblent si petites, les blocs si curieusement disposés.

535. Lui   Je ferai semblant de fixer le prix, ce sera d'une drôlerie, puisque tout doit concourir à un immense éclat de rire, l'infatigable présence du maître de jeu.

536. Elle   Fut un temps, oui, où je m'évanouissais dans votre vie, oui, posant mon corps tout près du vôtre, oui, pour qu'il n'y ait plus de rumeurs autres que celle de la mer où nous allions, oui c'est ça, dormir, parfois.

537. Lui Tandis qu'il riait, il parlait de son projet, réclamant l'appui de l'humanité tout entière, le reste n'étant plus qu'une obscure question de résistance, le froid, la faim, tout ce qui fait peur et agace lui donnant la rage nécessaire pour continuer, pour cracher sur tout un chacun et en rire de plus belle.

538. Elle Je n'ai rien vu, mais si tout ce qu'on m'en a dit est conforme à ce qu'il en est, je devrais me retrouver au centre d'une bien agréable surprise et je ne peux m'empêcher de te dire ici toute la hâte qui me consume.

539. Elle Il me faut la certitude qu'il existe bel et bien quelque part le vœu d'une volonté pour juguler le flot de reproches qui ne cesse de m'étourdir, là où je m'enfonce dans la nuit, pantelante et épuisée, cherchant sans cesse à me réinventer.

540. Elle Je déposerai ce qui me reste de chaleur sur votre peau fiévreuse et, ensemble, nous tousserons, laissant jaillir l'inépuisable profondeur de ma rivière sous glace, épaisse et solide comme les gestes simples et calculés s'inscrivant délicatement sur les murs d'une forteresse imprenable.

541. Lui Il avait défoncé l'espace où il remisait les objets de son ressentiment et, vu d'aussi loin, le paysage semblait irrémédiablement lui échapper, lui qui avait fait vœu de solitude, jubilant dans les rencontres fortuites, bavard à outrance et cruel dans les soirées.

542. Elle   Ils avaient enfin trouvé les axes de déplacement et, sur l'écran du téléviseur posé nonchalamment sur le divan, elle entendait à genoux l'écho lointain des mots qui l'atteignaient maintenant, elle le voyait bien, elle pouvait dire.

543. Elle   Elle prendrait un train, défonçant l'hiver jusqu'au fin Nord, parlant à de purs étrangers de cet endroit dont elle se souvient à peine, sinon des coups qui résonnaient dans son corps d'enfant et des efforts depuis pour reprendre sur elle une présence discrète et menue comme son corps d'adulte, où les veines tracent désormais des routes encore plus discrètes.

544. Elle   La voix se fatigue à la longue, c'est un fait, mais nous n'avons plus de refuge sinon cette voix qui parle, infatigable, d'images et de prothèses, s'étirant en de longues tirades destinées à promouvoir des nouveautés n'ayant plus cours sinon dans la mémoire.

545. Lui   Les images lui arriveraient à dos de chameau et lui, distrait, perdu dans son monde digital, verrait passer dans la rue, tout près de sa voiture stationnée, illégale, la caravane et son cliquetis de ferraille s'estompant dans la brunante orangée d'un ciel d'hiver.

546. Elle   La voix posée sur l'oreiller, le sourire calme, les seins remisés dans le fortrel d'un uniforme impeccable, une propreté à tout défaire, et toujours cette insistance, cette pression langoureuse et exacte pour que les choses s'avancent en contrepoint vers la catastrophe imminente.

547. Elle   Nous irons là où les animaux rampent dans la chaleur humide, je parlerai du froid sous l'effet d'un décalage vertigineux, vous viendrez me voir, je vous verrai et ensemble nous dissiperons tout doute quant à notre mission, nos objectifs étant compromis par l'état délabré de notre déroute.

548. Lui   Les ordinateurs s'épuisent dans leur manœuvre, laissant à d'autres le soin maladif et la douleur méprisante de quémander l'absolution.

549. Lui   Qu'importe si la dépense n'en vaut pas le profit, nous avons ici même le loisir de faire un bel effort d'abnégation inscrit dans les annales comme étant celui de deux esprits tendus et concertés pour que la couleur se conforme au rôle qu'on lui assigne.

550. Elle   Les feuilles peuvent pousser aux branches du corps comme d'un tronc d'arbre, c'est un fait, il suffit de comprendre leur agencement pour se laisser convaincre que le vert tendre doit précéder le vert forêt, le reste n'étant plus qu'une incitation pour que la nature en fasse autant.

551. Lui   Il plaidait la magnanimité de quelqu'un affairé à saisir le mécanisme détraqué d'un incendie, sa fatigue n'excusant nullement le feu qui, malgré toutes les incantations proférées pour sa venue, gardait ses doutes et ses distances.

552. Elle   Ils ne veulent rien d'autre qu'un espace où le travail ne serait plus qu'une distraction nécessaire, la vraie vie étant autrement plus réjouissante, l'intimité une drogue et l'alcool un condiment.

553. Elle   Je vis dans l'attente de documents promis, votre vie détraquée m'important peu, je vous prie de bien vouloir considérer l'évidence, l'urgence dont je vous entretiens n'étant nullement un effet de mon pouvoir compromis.

554. Elle   Je me souviens du temps où il me fallait tordre à la main la lessive glacée, je vous remercie de vos prières, j'ai acheté mon billet pour un trop court séjour et, maintenant, je suis en retard pour la nostalgie, plantée debout, attendant mon tour, regardant dans le ciel, l'espoir d'y voir surgir une illumination, la vision exaucée de mon amour.

555. Elle   Qu'importe le temps, la conviction ou l'énergie déversés, je suis toujours l'esclave de la négligence, mon corps enchaîné aux piliers du temps, attendant le châtiment qui me laisse sans sommeil et pantoise d'épuisement.

556. Lui   Dans la poussière opaque de la nuit, il poursuivait sans relâche le travail de bossu qu'il avait entrepris dans la plus intarissable des convictions, son corps pliant sous le poids, montant sa croix dans les escaliers, se demandant les raisons d'une fin si abrupte.

557. Elle   Assise sur une chaise, attendant un taxi, un siècle plus tard, elle se souvenait de cette vision d'un arbre frappé par la foudre, couronné de sa jeune souffrance, et dont elle louait le drame lui ayant inspiré cette épitaphe à la gloire de la douleur et de l'écriture.

558. Lui   Je me demande si vous seriez prêt à faire étalage de votre vie, sur plusieurs sessions, cela va de soi, dans lesquelles nous évoquerions les raisons complexes qui vous ont fait prendre conscience de votre destin aux ramifications complexes, menant à la perte subséquente de vos illusions profondes.

559. Lui   Le monde compartimenté, le verbe facile et la chair tremblant sous sa compétence, il poursuivait son travail, l'enjeu principal n'étant nul autre que l'élimination d'erreurs grossières, accumulées de longue date dans nos cerveaux balbutiants de babillage.

560. Lui   Je pars à l'instant, mon absence à proximité, mon cœur capitulant depuis toujours, mais résigné à ne jamais livrer l'exacte et compromettante confirmation de son obsédant projet.

561. Lui   Elle avait répondu à son invitation à décrire sa vie, son langage, ses mots : des ronds dans l'espace, une longue répétition de ce geste désarmant d'une simplicité extrême.

562. Elle   Une urgence débordante, les origines du verbe falloir, une obligation à produire le miracle dans des délais au-delà de toute distraction, la vie elle-même devenant un problème et tout ce qui s'ensuit, un encombrement désolant.

563. Elle   J'aurais bien aimé, comme vous, poser des pièces de verdure synthétique dans du tissu extensible, mais la disponibilité me manque, ce qui me rend soucieuse et parfois insomniaque, la consultation des ouvrages divinatoires étant devenue mon seul refuge.

564. Elle   Puisque vous tenez tant à m'épater, dites-moi donc qui a écrit le manifeste des symbolistes, et ensuite je verrai si vous êtes digne ou non de l'admiration sincère mais excessive qui est la mienne à votre égard.

565. Lui   Ce n'est plus à moi qu'il faut adresser vos prières pour enclencher une telle générosité, une telle compassion, une telle sympathie et autres idioties du genre, déménagez vos problèmes, allez-vous-en hors de ma vue, constatez par vous-même les éclats majestueux, parcelles obligées de ma rémunération coupable.

566. Elle   Voilà le résultat du travail palliant l'effet dévastateur d'une société où l'on finira par nous acheter à un prix si bas qu'il ne sera plus possible de se vendre à rabais.

567. Lui   Le plus beau rouge est celui qui se fait sur une base destinée à faire jaillir le sang du métal et à faire en sorte qu'il se mélange sur-le-champ, son aura triomphant même des lumières fluorescentes et du vert encombrant qui l'empoisonnent.

568. Lui   Et devant tant de fatigue, il ne savait plus fermer les yeux, attendant simplement que le corps s'écrase en évanouissements successifs et imprévisibles, le plancher lui apparaissant soudain comme l'éther d'où sont venus les anges.

569. Elle Il est déconseillé de mettre les oiseaux sauvages en cage; même s'ils chantent, ce n'est jamais, à la longue, qu'un signe de malchance, et le temps de les écouter, notre âme s'emplit vite d'un trouble à peine audible et si ténu qu'il finira par faire fendiller, à la longue, le cœur du plus endurci des bourreaux.

570. Lui Dans une odeur de boisson indescriptible se profilait le timbre d'une voix épuisée râlant des directions sous les yeux muets d'une femme au regard détourné, fixant par la portière le cortège de la nuit s'enfuyant à toute vitesse dans une course exagérée.

571. Lui Je méprise cette insistance voulant que je souscrive à cette coutume de prêter ses jouets, moi dont la grandeur ne fait plus aucun doute sur la Terre comme au ciel.

572. Elle Trois évanouissements plus loin, il les faisait toujours rire, laissant entendre à qui mieux mieux les soubresauts d'un cerveau engourdi de sommeil prodigue et d'un épuisement cellulaire dont rien n'émanait sinon la conscience frauduleuse d'une langue apprise en contrebande.

573. Elle Je vous laisse le soin de pourparler, j'ai tant d'autres secousses à endiguer, et la terre continue de trembler tandis que j'évacue ma peine au meilleur de mes forces et à la lumière même de mes connaissances.

574. Elle   Je vous supplie de me lire quelque chose, votre départ m'attriste soudainement et je continue d'insister, sourde à vos raisons, blessée au bas d'un escalier où vous avez cessé de croire à ma détresse, la renvoyant dans les zones diaphanes d'un humour tordant et démesuré.

575. Lui   Le reproche d'une génération, cette confusion extrême où l'émotion prenait place sur le siège arrière, laissant place à la sensation au volant, afin que les moyens soient à nouveau supérieurs aux états d'âme.

576. Lui   Avec un minuscule faisceau lumineux, il circonscrivait d'infimes surfaces dont il se proposait de faire jaillir des rêves d'une grande magnitude, d'une couleur intense enfouie sous une luminosité sans précédent.

577. Elle   Il y a lieu de donner à chacun selon son dû et de ne pas mélanger ceux qui nous accordent leur appui par condescendance avec ceux qui nous entretiennent bassement, avec vénalité, leurs cordons noués serrés par l'avarice, un aussi vieux péché.

578. Elle   Une demande ressemblant à un défi, une commande portant sur l'esclavage, mais au fond un test sur la capacité de pouvoir compter, comme au jeu, mais le risque est grand de dégringoler de son fil de fer sous les soupirs d'indignation d'une foule éberluée.

579. Lui   Puisqu'il était en pays étranger, il s'était résigné à leur donner la musique qu'on lui réclamait depuis des millénaires, pliant sous le poids de l'archet, s'imaginant l'instigateur et non plus la victime d'un complot aussi ancestral.

580. Lui   Dans la profusion des excuses, le flot de la conversation devint si dense qu'il fallut sortir du courant et porter le sens à dos d'homme, là-bas, très loin, jusqu'aux rives du silence où la nuit s'enlise dans les profondeurs.

581. Elle   L'important consistait à s'imposer comme discipline une recherche constante de l'objet dissimulé, seul et narquois dans un recoin obscur d'une impossible requête.

582. Elle   Mon corps tremblant d'autant de frissons, sans l'excuse de l'hiver, moi qui connais la cause continuelle et troublante de ce malaise, celle qui s'empare de moi quand mes vêtements glissent au plancher, me laissant nue et rugueuse, faisant de moi un arbre implorant de maigreur et de désir, mon visage greffé dans l'écorce.

583. Elle   Il suffit de si peu pour que soudain tout se mette à dégringoler vers l'inexorable chaos dont nous sommes tous les gardiens durables et les agents secrets.

584. Lui   La crainte s'emparait de moi sans autre raison qu'un appui mitigé, conception d'une autre époque, crainte absurde s'insinuant mécaniquement dans la mémoire de mon emploi.

585. Lui   Quand on pense qu'il faut des heures pour acheter un objet aussi dérisoire, on se demande, comme moi, si la vie ne serait pas cette entreprise vaste et immuable qui s'emplit de mystère à chaque pas, qui vérifie sa présence à chaque regard et qui nous laisse perclus de jouissance, suffoquant de désir dans un corps qui rapetisse.

586. Elle   La nuit porte longtemps conseil quand le sommeil grimpe dans les rideaux, faisant de grands pieds de nez à la lune, se demandant si au fond il n'y aurait pas autre chose que le jour pour effacer les sources du malaise, la cause indélébile d'un mal inaltérable.

587. Elle   Nous prendrons possession des lieux, mais n'ayez crainte, puisque chaque objet retrouvera sa place désignée, la poussière ne sera point bannie des lieux et les trous dans les murs seront l'œuvre d'une discrétion de bon goût et de bon aloi.

588. Lui   Il revenait d'un voyage à l'Est, lieu de contradictions ultimes, selon lui, puisque les propos qui ont fait notre grandeur ne semblent pas produire sur eux les effets qui nous ont permis d'atteindre à la magnificence dont nous sommes les glorieux porte-parole.

589. Lui   Il faudrait que nous causions de votre vie, de votre solitude, de vos doutes profonds et de ces ecchymoses dont vous gardez le secret, appliquée que vous êtes à en gommer les contours et les causes innommables.

590. Elle   Que dire à l'enfant qui revient d'un rêve défiguré, quand on est seule dans un train, ballottée par la glace, quand l'enfant attend sa réponse, le rire sonore qu'on improvise pour que le maquillage tienne le coup encore une fois?

591. Lui   Quand procéderez-vous à l'exorcisme, j'attends depuis si longtemps ce spectacle, ma vie devenue à la longue une sorte d'ex-voto, mes prières agglutinées aux vôtres pour que je sois, moi aussi, témoin du miracle?

592. Lui   Écoutez, pour savoir ce que nous sommes en droit de penser de vos moindres faits et gestes, vous dont le profil transcende si souvent la figure.

593. Lui   Je ne suis pas de ceux qui ergotent dans le vide, passez-moi l'expression, suppliant le geste de venir appuyer définitivement les lubies de leurs inventions, non, ne comptez plus sur moi pour retenir le plancher sur ses clous, mon monde étant désormais de l'ordre de l'inquiétude.

594. Elle   Méthodiquement et sans perdre un instant, pour ainsi dire, je me suis appliquée à compléter ce mur, lui donnant un caractère dont on dira pour longtemps qu'il n'était qu'un prolongement prévisible de la fin; mais sans moi, où serait cette finalité?

595. Elle   Ce soir, le temps ralentira dans un délire d'alcool et de souvenirs, la danse reprenant son dû, mes cheveux éparpillés dans l'univers inventé des projecteurs, là où les planètes bavent de jalousie devant les étoiles de notre devenir.

596. Lui   Sa présence, l'équivalence de son talent, le discours qui encombre ses lèvres plus qu'un murmure incompatible, les mots ressemblant aux mots, la grâce à la grâce, mais son corps intarissable de plaisir du simple fait qu'il se soumet au souffle qui le contient.

597. Elle   Me vient à l'esprit soudainement la vision de l'encre traversant la toile, laissant des marques indélébiles et néfastes, comme les fibres blanchies de notre patience.

598. Lui   Il jubilait à l'idée de vendre une pièce de technologie désuète, se retournant vers le point exact où lui souriaient tous les futurs, tous les possibles et tous les nuages imbus de vocalises célestes qu'il ne savait plus transcrire, ses mains archaïques sombrant dans l'amnésie.

599. Elle   En rejoignant les lieux, le vent, à mon insu, m'a arraché une feuille des mains, ma mémoire insomniaque et défaillante n'a pas suffi à retracer le récit de vos mots, votre vie floue se morfondant dans le regard déçu et glauque des complices de l'imprécision.

600. Elle   Je contourne les surfaces, les images, et je me dis qu'au fond le format est parfait, et je me demande comment il se fait que toutes ces choses surgissent soudainement en un seul et même lieu; serions-nous les réfugiés d'une solitude que mon regard n'arrive plus à faire semblant d'évacuer?

601. Elle   Ce soir, ils iront ensemble se confondre et moi, je resterai là pour en faire le récit, et le malaise sera si grand que j'en perdrai la vue dans l'éclat éblouissant de visions cathodiques où le mal renonce à son emprise.

602. Elle   Ils ne mettaient pas d'oiseaux en cage, la liberté leur étant à ce point précieuse, leurs coutumes ancestrales, leur destin, leur malheureuse histoire constituant autant de preuves à l'appui.

603. Elle   Tandis que je marchais péniblement sur la glace, tandis que je regardais un film, tandis que je me rendais à un rendez-vous nocturne (choisissez votre vérité), vous refaisiez l'ampleur de vos doutes, les murs de votre misère.

604. Lui   Ne vous souciez plus de moi, je travaille dans l'ombre comme d'autres dans la lumière, la première option étant ma préférée, mais je m'accommode tant bien que mal de la seconde, connaissant la grandeur de votre mal et les exigences prenantes qui gravitent autour de mon âme.

605. Lui   Là-bas, séduisant les cœurs les plus endurcis, elle recevait l'hommage de ceux qui s'enfoncent dans l'ignorance, alimentant elle-même cette tendance, décontenancée et sans gêne à l'idée que l'on se fait de la chose dont elle se croit la détentrice inespérée.

606. Lui   Nous pénétrons ici le cœur du propos, celui qui laisse à penser que l'écriture est une sorte de vengeance, le livre étant écrit pour être mis en terre, pour qu'il en rejaillisse un arbre ou les fleurs tant attendues d'une colère inexprimable autrement.

607. Lui L'écho des voix dans la forêt, derrière eux, au bas de la falaise, le paysage lunaire dont s'exhalait un brouillard mystérieux, la magie du silence interrompue soudainement par le bruit d'un couteau enfoncé dans l'écorce jusqu'au cœur du temps.

608. Elle Plusieurs fois, elle en était venue à se demander ce qu'il adviendrait le jour où les voix s'éteindraient, son visage compromis par le doute, se projetant au centre d'un drame dont on lui assurait toujours les paramètres annoncés et les résultats compromettants.

609. Elle Les chiens qui m'ont flairée dans leur soif excessive ont des noms qui ne méritent même pas qu'on en fasse mention, leur désir rocambolesque, leur vie, au figuré comme au propre, impensables dans tous les univers où je m'applique à refleurir.

610. Elle La mémoire me manque pour accéder à vos souvenirs, je subis votre désarroi, croyez-moi, surtout public, à l'idée que je risque de vous contredire bien que, cambrée dans un monde sévère et bien ajusté, je ne voie pas en quoi mon témoignage puisse rajouter quoi que ce soit à une histoire dont vous contrôlez d'ores et déjà les tenants et les aboutissants.

611. Lui Il entrevoyait la glace comme une épreuve initiatique pour tous ceux qui veulent continuer d'habiter la terre désolée dont il se croyait le noble et ardent propriétaire.

612. Elle   Bien sûr, il y a toujours le moment sublime où l'on se jette à la mer, l'eau contournant le corps dont il ne reste plus qu'à étendre le bleu, un mortier entre les arbres les retenant serrés sur la même surface.

613. Elle   La nostalgie creuse en moi un sentier, imbibant mes rêves, refaisant son parcours sinueux dans les promontoires de ma langue, là où les forces m'abandonnent d'elles-mêmes quand il s'agit de raconter à tout prix ce qui me transperce : le soir qui entre chez moi par toutes les portes, et ton départ dans le froid, mon Dieu, comme je m'en souviens.

614. Lui   Faire en sorte que les choses s'inclinent verticalement, très droites, très solides, très stables encore une fois, obscures au point de la nuit qui nous ressemble si injustement.

615. Lui   Je mettrai le réveil et je m'avancerai vers la glace, traversant ma solitude jusqu'à l'est de ma survie où mon corps s'abreuve ; inflexible dans mon habit de samouraï, je défoncerai l'espace où les rêves n'en finissent plus de se prendre aux mensonges du réel.

616. Elle   Mon corps est à vous, mettez cartes sur table, suivez la ligne, remettez le courant et vous verrez à quel point nous avons tout le temps nécessaire à l'accomplissement de l'ensemble de nos prophéties.

617. Lui   Je viens de passer l'épreuve du feu encore une fois, il n'est pas dit que j'en éteindrai le brasier, mais il n'est pas dit non plus qu'il m'est désormais loisible de tailler les pierres du souvenir, risquant de faire s'écrouler les murs de papier de ma maison translucide.

618. Elle   Si seulement vous saviez ce qui se trame quand je cesse de m'user les doigts sur les étalages similaires où sévissent les complots synthétiques, si seulement vous pouviez prendre place à table avec nous, à rire…

619. Lui   J'imagine ma vie s'agrandissant à la dimension d'un cercle dont je n'arrive plus à me défaire, je rencontre des gens dont je ne fais que perdre le visage dans une marche incessante et futile.

620. Elle   Maintenant que nous en sommes à voir à la correction de la correction, j'entrevois dix années d'absurdités vertes et grises à venir, comme le monde impossible auquel je m'obstine à collaborer.

621. Elle   Vous partirez avant moi et je resterai ici à parler avec conviction à des gens qui partiront, eux aussi; je resterai seule à parler de nos mérites, à vous qui fuyez le monde que je construis ailleurs, si patiemment pourtant.

622. Elle   Si vous aviez vu ce que d'autres verront peut-être, la grandeur de cet homme debout dans sa parole, imbu du personnage qu'il porte en lui, jaillissant d'émotion, au point de compromettre nos gestes dans son éventuelle et illusoire grandeur.

623. Elle   Je suis là blottie dans un corps trop mince avec cet amour trop grand, et toi qui ne t'es même pas donné la peine de comprendre à quel point tu pouvais habiter ce pays sans te soucier de quoi que ce soit hormis la grandeur de mon âme.

624. Lui   Griffonnant quelques notes, arrogant à souhait, il exigeait des dates, des précisions, se souciant des détails pour ensuite les récuser de plus belle, s'amusant avec le propos pour terminer dans une enfilade de banalités qu'il débitait à grandes enjambées, prétextant un horaire chargé et l'ennui inconsumable qui le dévorait.

625. Lui   Prendre son dû même si personne ne semble se soucier de la charge risible qui se profile fatalement entre chaque image; les séquelles d'une aussi périlleuse opération sont visibles dans le résultat final, comme si le manque était plus grand que le tout.

626. Elle   Quelques minutes à peine pour que les femmes manifestent leur absence des lieux de représentation, des lieux de décision, d'identification, de signification et quelques heures pour faire semblant que le tout pourrait s'arranger, une journée peut-être sous une pluie de rires, le sarcasme en plus, l'ironie à peine déguisée, l'injure peut-être camouflée dans un rictus guerrier.

627. Elle   Si l'avenir ne s'assoit pas à sa table, comment le ferait-il pour nous qui n'en avons jamais eu les moyens, la provocation ou le discours suffisant pour que s'accomplisse une aussi délicate manœuvre?

628. Lui   Je ne voulais plus porter le poids de cette irrémédiable malédiction : je me suis enfui dans un espace où les gens transitent, leur folie soudaine et passagère m'étant vite devenue un inéluctable et béatifiant besoin.

629. Lui   Cette forêt toute bleue qui s'étale sur votre mur, existe-t-elle vraiment ou attendez-vous simplement la version noir et blanc d'où la couleur sera bannie pour toujours ?

630. Lui   Nous pouvions ajouter tant de détails à cette interminable tirade sur les besoins plus ou moins conséquents de fuir en vitesse une opération détestable au nom de la très sainte identité réclamant, comme toujours, son adjectif immuable.

631. Lui   Dans ma modeste contribution, j'insiste toujours pour dire des choses que je ne vivrai jamais, arrivant trop tard peut-être, qui sait ? pour raconter des histoires qui ont déjà trouvé des fins autrement plus heureuses ailleurs.

632. Elle   Mon corps blessé par la passion, mes yeux rougis par la colère et ces projets d'adieux dont j'essaie vainement de me convaincre, et moi, qui tournais dans ma vie, avec au cœur un horrible secret, me réinventant une âme, défaisant mes aveux à mon corps défendant.

633. Elle   J'ai cru lire dans tes yeux les signes d'une fatigue sans bornes, les séquelles d'un désarroi profond et le silence insupportable du serment trop lourd qui te trouble dans ses profondeurs depuis si longtemps.

634. Lui Sèche tes larmes, regarde la beauté de la forêt, plus noire et mystérieuse qu'elle ne l'est en réalité.

635. Lui La tête penchée, la voix emmêlée au bruit des machines, il enterrait en lui ce qu'il ne savait plus dire autrement qu'en une longue et interminable démarche qui le menait d'un escalier à l'autre.

636. Elle Demain, je reviendrai, je serai là, je sortirai seule, je ferai les courses, les achats, les vêtements, et toi, tu seras ailleurs, serrant dans tes bras l'objet de tes convoitises, lui inventant une vie qu'elle n'a jamais eue, nous éloignant incessamment du seul lieu où la lumière compte vraiment.

637. Lui Si vous saviez à quel point mon image m'importe peu, content de reconstituer une négation essentielle de l'espace où je m'affirme en silence.

638. Elle Percez le masque de ces sourires complices sous le rouge à lèvres profond et vous aurez une assez bonne idée des raisons qui me rendent si émouvante et désirable quand je touche à l'argent.

639. Lui Il rassemblait avec fébrilité des papiers qu'il préparait dans une passion ombrageuse, s'imaginant stratège, pourvoyant dans la rigueur aux besoins d'une armée en campagne.

640. Elle Les emprunts n'arrivant plus à couvrir les dépenses nombreuses dont je suis responsable, les autorités en vue m'étant tellement plus généreuses, je vois déjà mon départ se profiler à l'horizon, vous laissant seuls à marcher, inquiets, dans les mêmes corridors, regrettant l'écho de ma voix exaspérée.

641. Lui   Je voudrais que l'on grave en lettres de feu notre rôle en tant que créateurs de l'avenir, que Dieu soit au courant de notre décision et qu'Il y voie, par la même occasion, une déclaration de guerre, puisque nous avons aujourd'hui pour mission de réviser, de refaire et de corriger son œuvre insondable et sans dessein.

642. Elle   Cette chanson que nous écoutions, comme elle ressemble à ta vie, à tout ce que tu as fait pour en changer les prévisions même si les rivières continuent de couler dans le même sens, emportant avec elles l'amour et toutes tes lubies dans la marée infinie d'un océan!

643. Elle   Ils ont vu la fatigue dans mes yeux, quelqu'un m'en a fait la remarque et je leur ai avoué mon mal, sachant bien qu'il n'y a plus moyen de l'endiguer autrement qu'en fermant la porte de mon cœur, et je ne veux pas, je ne veux plus, j'en mourrai, autrement, et j'en mourrai de toute manière.

644. Elle   J'écoute cette longue et interminable réplique, interrompue par les bruits ambiants, et tout ceci me fascine et m'éblouit dans l'aura d'un sourire où j'ai cru perdre mon regard.

645. Lui   Nous ne savons rien de vous, ou presque, et nous avons décidé, pour combler cette lacune, de vous accorder la parole; ce que vous direz n'a pas d'importance, pourvu qu'il y ait des mots, pourvu que vous vous attardiez, le plus tard sera le mieux, le plus tard serait en fait extraordinaire.

646. Elle   Je pars demain, il fera soleil, j'aurais aimé empor-
ter avec moi les quelques lignes que vous avez grif-
fonnées et qui racontent, en images, le moyen de
s'enfuir de toutes les prisons, mais bon, si ce n'est
pas possible, ce n'est pas possible, je comprends.

647. Lui   Quelqu'un s'affaire à raconter une fois de plus la
saga de notre présence sur la Terre, sans autre per-
mission qu'une immense imposture proclamée et
poursuivie dans le plus grand des sérieux, allant du
faire sûr au faire semblant.

648. Lui   Reprenez encore une fois, je ne saisis pas très
bien votre refus de l'exil, votre errance sur la
terre sacrificielle et le syndrome incompris et
mal assumé des apprentis sorciers refaisant pour
la frime la danse de la pluie, intenses dans leurs
efforts factices.

649. Elle   Dans la tempête sévissant toute blanche encore,
embrouillant le monde sous nos yeux, il y avait
cette voix, venue de nulle part, qui proposait des
espaces, des paroles et, qui sait ? au loin, au travers
de la blancheur immuable de février, d'imprévisi-
bles déplacements, une plage aveuglante de cha-
leur et d'insouciance.

650. Lui   L'inceste et l'amnésie faisant front commun, dé-
savouant à toute une collectivité son droit à la di-
gnité, à l'abrogation des traités sur l'épouvante et,
fondamentalement, au bonheur, la plus grande de
toutes les énigmes.

651. Lui   La maladie minait ses forces et le froid, qui sévissait toujours, logeait déjà dans son souffle des séquelles le rendant irascible et pantelant dans ses spasmes mal assumés et ses propos sournois.

652. Elle   J'ai retiré mes vêtements d'hiver, laissant à mon sang le loisir de circuler, je l'entends plonger au fond de mon aorte, et toujours cette voix lancinante dans mes côtes où j'accueille le mal comme une blessure acceptable, ta main à des milles de distance, et la neige où je n'irai jamais plus.

653. Elle   Je déteste fréquenter les endroits où le désir constitue la seule règle d'usage, le reste, l'argent, n'étant, en quelque sorte, qu'une convention malsaine et obsédante, le message d'une maladie dont je ne connais pas le vaccin.

654. Elle   Quand ils l'ont retrouvée dans la forêt, ils l'ont emmenée dans une famille, lui ont donné des habits neufs, un présent maladroit dont ils espéraient voir émaner l'oubli nécessaire d'une mémoire à effacer jusqu'à la verdure indélébile.

655. Lui   Comment faire pour reprendre les gestes de la veille dans la sincérité prenante qu'on lui connaît, ramener les mots à leur essence, le feu de la rage qui brûle dans sa bouche et la détresse dont il se sert pour larmoyer inutilement sur son sort?

656. Lui   Il faut déployer les rideaux pour faire en sorte que la sortie se fasse à leur insu, dans le noir, insoupçonnée mais réelle, imprévisible mais nécessaire, et sans apparence aucune, vous entendez, aucune.

657. Elle Les délais sont immuables, il est urgent de les respecter, sans quoi les colonnes du temple s'écrouleront sur nous et je n'ai toujours pas de réponses, mais vous, qui lisez la Bible, vous comprendrez le sens de ma prophétie, d'ici là, la mise en œuvre du possible demeure la seule solution préconisable.

658. Elle Je languis pour cette époque, quand le désordre faisait partie de la confusion élémentaire, le doute triomphant de l'arrogance et le besoin de se retrouver pour apprêter les fruits de notre colère au parfum irrésistible du désordre.

659. Elle L'argent comme solution de rechange, les vêtements comme étalage précis d'une condition avouée, le sourire béat de ceux qui imitent, dans le vide, les accusations maladroites de ceux qui accusent à tort et à travers.

660. Elle Je souhaite à tous le loisir de déménager là où l'insouciance permet d'oublier la misère, où le soleil devient une consolation démesurée et où, malgré tout, il est toujours possible de croire et de penser que le sacrifice de nos biens, si énorme soit-il, n'est rien comparé au bronzage dont ils nous font cadeau avec tant de profusion.

661. Lui La grippe sévit sur les trottoirs où la neige a érigé son empire et, comme autrefois, je marche au milieu des automobiles, attendant le soleil qui tarde, inflexible et impénétrable comme le froid qui ne cesse de m'agresser.

662. Elle Ceux qui ont pris une option sur la vie, l'affection devenant une manière erronée de compenser le peu d'intérêt qu'ils nous accordent.

663. Elle   Le mal a fait ses ravages, nous vivons dans la maison des retards, peut-être nous faudrait-il d'autres excuses pour que les coups s'en aillent, pour que dans la transparence apparaisse mon cœur irradiant de désir et de soumission.

664. Elle   Il faut chercher le rouge à son paroxysme, qu'importe si quelques-uns s'y brûleront les yeux en s'approchant; d'ailleurs, qui peut se vanter d'être descendu au fond des choses, alors autant faire comme si.

665. Elle   Donnez-moi votre main, ma voix langoureuse vous entraînant dans le cycle de la vie, là où la pierre bleue irradie sous le sable, l'éternité de notre présence en ces lieux achalandés, buveurs de bière et quoique cyniques dans un bien-être presque total.

666. Lui   Ma grand-mère ressemblait à cette femme aux seins nus, posant maladroitement au milieu d'une aussi grande austérité, sa rigueur hilarante et sa disposition excédant largement le cadre verni, le plastique impeccable, la lumière resserrée sur ce lieu serti dans la glace d'un froid à n'en plus finir.

667. Elle   Je te redonne la clé de ta prison, personne ne se doutera du drame qui se dessinait patiemment, le soir, dans les rougeurs du soleil s'écrasant sur l'empire de nos vies.

668. Lui   J'aimerais que vous parliez de choses déplaisantes, celles qui vous ont saisie au point de vous conscientiser à tout ce qui se trame dans cette fébrilité, cette fuite infatigable et inconséquente où les routes s'entrecroisent, infiniment plus dangereuses.

669. Elle   Toute ma vie, j'ai composé avec l'humiliation et le silence, et soudain ces excuses en plein dimanche, ces excuses comme des appels de détresse, et moi qui ne savais rien dire d'autre, ayant désappris à parler depuis si longtemps.

670. Elle   Souvent, il vaudrait mieux ne produire que du souffle au lieu de s'éreinter à le transformer en mots vides et mesquins, semblables à ceux qui ne cessent de promulguer le même schéma, les mêmes mensonges tronqués, la même suffisance, ayant tout vu, ayant tout dit au risque de s'enfermer dans une histoire dont ils seraient devenus, à la longue, les héros scintillants de gloire et éblouis de lumière.

671. Lui   De mon observatoire imprenable, je verrai défiler les animaux dans la forêt, leur enviant tout ce que nous n'arriverons jamais à leur prendre, ce dont nous les avons dépossédés maladroitement sans doute et sans recours aucun.

672. Elle   Je ne veux plus qu'il soit question de moi désormais, impossible de garantir ma présence autrement que dans la honte et l'anonymat, je m'en irai, abandonnant tels quels les lieux, les vestiges d'une sublime grandeur, un renoncement à ma mesure.

673. Elle   Le désir d'une vision emmêlée à la texture, au noir et blanc, au besoin de voir le paysage comme une fontaine et non plus comme cette mare troublante, grouillante de regrets et criblée d'erreurs.

674. Lui Comme une voiture en hiver, son trajet dans le blanc du papier, ses roues gravant des traces solides dans la neige, le monde du haut des airs et la chance de voir sa vie enfin assemblée et fusionnée dans un réseau étrange d'images et de promesses.

675. Lui Refaire le trajet arrière, s'enfuir de tous les miroirs même si on s'y agrippe, à corps défendant, par les rebords, quel autre moyen pour se dire qu'après tout il y aura toujours lieu de déjouer son double?

676. Elle Je pars, j'ai laissé la suite dans le troisième tiroir puisque le temps approche où vous me manquerez même si je redoute le contraire; soyez là, à tout hasard, je compte sur vous, sur qui d'autre pourrais-je compter?

677. Lui C'est un scandale, je sais bien, et je comprends le désarroi qui vous agite, je ne sais rien de cette émotion, mais croyez-moi je ferai en sorte qu'on en tienne compte, là, en haut lieu.

678. Lui J'ai oublié votre vie, ce qui vous anime; ce que vous avez dit avec passion il n'y a pas si longtemps, pourriez-vous le redire, cette fois-ci avec la conviction de la confidence?

679. Elle Je serai exclue encore une fois du registre de cette voix qui autrefois me tenait compagnie quand je tournais sur moi-même, cherchant vainement dans les excuses abondantes les raisons profondes de l'existence et des mensonges.

680. Lui   Ce ne sera jamais comme l'éclosion d'une grande amitié, je vous vois perdue dans les arbres devant une forêt tronquée, et j'en suis à me demander si la lumière qui vous recouvre ne serait pas un effet envoûtant dont vous avez perdu le secret, il y a si longtemps.

681. Lui   Les livres que j'ai lus, opaques et superbes dans leur gloire obscure, me privant de plaisir au profit d'un abandon forcé, attendant patiemment, au fil des mots, ces parcelles de sens que je savourais avec perversité, le corps pâmé, la main tremblante de désir, sublime et vulgaire à la fois.

682. Elle   Pourquoi faites-vous rejaillir ma peine, il me semble que nous avions conclu un pacte nous engageant à devenir les défenseurs conscients de la fragilité de l'autre?

683. Elle   Une aussi grande détresse, comment y être insensible au point d'en éviter le vécu, d'en fuir le partage, en dépit même d'un éloignement consenti et des murs qui montaient de toutes parts et à perte de vue?

684. Lui   Il faudra éviter de le suivre, lui, si complaisant désormais dans la puissance nouvelle qu'il s'est découverte quand son corps s'est évanoui dans les chiffres.

685. Elle   J'entrerai dans l'antichambre où j'ai remisé la douleur d'être bannie de votre monde, l'ailleurs d'un chagrin définitif, le souvenir d'un univers dont on dit partout qu'il est le mien propre.

686. Elle   Il y a tant de brouillard en ces lieux, des rôles si
           flous et personne à qui parler sans se perdre, au gré
           de réponses dont j'ai fait vœu de m'absenter, vous
           laissant seul à jouir du timbre de votre voix et de
           votre courage dont le grésillement s'évanouit peu
           à peu.

687. Elle   Cette idée m'habite depuis si longtemps, mais je
           vois bien qu'il est trop tard, je le vois bien, vous
           avez déjà raconté mon histoire et je n'ai plus
           d'autre vie.

688. Lui   Anticipant ma complaisance dans la fosse aux plai-
           sirs, une expression si usée pourtant alors que mon
           corps dégringolant des escaliers montait jadis des
           arbres à bras d'homme, le soir, épuisé, même si
           maintenant la lumière même m'est insupportable.

689. Elle   J'ai choisi cette couleur évoquant la forêt, ignorant
           à quel point elle trouverait grâce à tes yeux; il a fallu
           décider, c'est tout, et maintenant je regarde autour
           de moi, cherchant dans les objets une couleur sem-
           blable à celle qui se dissimule dans ma mémoire et
           dont je n'arrive plus à réparer le souvenir.

690. Lui   Je suis sorti au moment même où vos anges tour-
           noyaient sur les nappes d'encre, là où votre âme
           s'abreuve dans sa réinvention définitive, oui voilà,
           définitivement plutôt, l'adverbe chassant l'adjec-
           tif, quelle époque!

691. Elle   Même si la tentation est grande, je sais à quel point
           il me faudra contrôler la convoitise et voir à ce
           qu'elle ne s'enfonce jamais dans une accumulation
           sans vergogne de la matière brute.

692. Elle   Une vie remplie d'étoiles pour faire en sorte que même les démissions soient des voies détournées pour accepter l'inacceptable, l'injustice et toutes autres pertes inexplicables autrement que dans la fatigue et la présence d'une masse incontournable.

693. Elle   Dans son cri se profilait cette méthode unique de rendre la panique palpable.

694. Elle   Une nuit, elle avait entendu une voix enrouée qu'elle prenait pour une exigence d'expliquer son absence de rides et son plan de carrière dans la flanelle.

695. Lui   Je vous remercie de l'attention que vous nous portez au milieu de votre discorde tandis que nous composons, dans le secret de votre vie, des images précieusement conservées dans des spirales secrètes où notre mémoire a enfin trouvé refuge.

696. Elle   Le talent ne se mesurera jamais à l'aune de la convention collective, nous en connaissons les contours, la grandeur obligée et ce, malgré les conditions alarmantes, réduits que nous en sommes à manœuvrer dans les couloirs d'une indéniable catastrophe.

697. Lui   Il alluma une lumière et se mit à parler de la présence des ombres qu'il n'arrivait plus à caser dans quelque circuit que ce soit.

698. Lui   La crainte de ne pouvoir montrer l'âge et l'usure des choses, comme si la vie pouvait se passer dans la reconnaissance élémentaire des formes, des objets et de tout ce qui nous apparaît comme le modèle définitif du nom servant à l'enfermer.

699. Lui   L'idée consistait à donner le contrat à quelqu'un de responsable, la fatigue, la désorganisation et tous les bruits du monde devenus par la même occasion une manière abrupte d'évaluer ceux qui un jour retrouveront malgré eux leur voix, leur fatigue et même leur prolongement.

700. Elle   Autrefois, il attendait les erreurs des autres pour se prononcer mais maintenant, il étale des échantillons divers et séduisants, faisant en sorte que le synthétique soit à la hauteur de l'authentique.

701. Lui   Ayant appris toutes les danses à plumes, il s'était retrouvé dans un cirque, en équilibre sur un cheval de bois, répétant à quel point ce pays est le plus beau et nous, par la même occasion, sommes le plus exaltant de tous les peuples.

702. Elle   Le mensonge recouvrait l'extraordinaire beauté de ses yeux, laissant des traces qu'elle s'appliquait à ignorer, détournant l'attention vers son travail, lui aussi habité de tous les doutes bien que d'une nature beaucoup moins compromettante.

703. Lui   Il ne comprenait tout simplement plus cette dégradation évidente de la qualité, réduisant la vie en une obsédante régression dont il n'arrivait plus à contenir les inévitables soubresauts.

704. Elle   Elle se blâmait publiquement d'avoir négligé la couleur au point de lui faire aussi cruellement défaut, une situation si déplorable, voire irréconciliable.

705. Lui Seul avec l'enfant, il s'était mis à boire du mauvais vin et, dans les feuilles qu'il dessinait avec application et maladresse, il voyait surgir sa nudité, tant et si bien qu'il accepta de sombrer avec elle dans la volupté de cette image tragique.

706. Lui Il expliquait, avec moult détails et répétitions, les propriétés du métal, le poids de l'objet dont il portait la crainte, l'effort qu'il avait mis en œuvre pour que la forêt reste coincée à jamais dans le cadre qu'il s'apprêtait à lui donner.

707. Lui Persuadé que la santé mentale n'était qu'un prolongement de la santé physique, il voulait faire en sorte que la seconde se voie contentée au point que la première ne tarisse jamais de remerciements.

708. Lui Pour contrer les abus, il devenait urgent de se donner des règles d'une rigidité à toute épreuve, et les délais encourus n'étaient que de simples retards face à ces moments de jouissance extrême où nous allions enfin être délivrés de l'obscurité écrasante qui nous hantait depuis si longtemps.

709. Elle Les enfants compromis dans le mélange des générations, quand ils meurent, vont-ils au ciel et, si non, ne devrait-on pas leur aménager un paradis miniature, dès aujourd'hui, dans le recoin quotidien de leurs limites ?

710. Lui Autrefois, il lisait des livres trouvés dans des poubelles, mais maintenant il ne lirait plus que des traités de bienséance, son cerveau surchargé déjà de projets où les fossiles occupent toute la place entre les mots que lui écrivent ses amis.

711. Lui La qualité, désirable et reconnue, prenait l'attrait d'un mantra dont il n'arrivait plus à se départir, conscient du fait que la vie est bien autre chose qu'une suite d'images prises au hasard ou incontrôlables, sinon quoi… ce serait quoi la vie autrement?

712. Elle Il n'aurait fallu qu'un moment de plus, comme cet après-midi où sa voix persistait dans notre mémoire tandis qu'elle reculait vers son monde en suivant le sifflement du vent quand il soulève la neige en arabesques anonymes et grandioses sur des routes de campagne.

713. Elle L'envers du décor, le comment des choses, le pourquoi du comment, voilà ce qu'elle aimait voir dans les ombres et les spectres dansant sur les murs, loin des lieux où l'on ne voyait que son corps, oubliant ses yeux, refaisant le noir, déjouant le temps.

714. Lui Elle était déçue de ce qu'on eût refait le monde à l'image du monde au lieu de lui donner une ligne approximative, une dimension temporaire, un effort de conciliation dans les rêves et un point de fuite, ne serait-ce que ça, un point de fuite.

715. Elle Souriante et revenue de ses émotions, elle revoyait les autres dans leur costume de grisaille alors qu'elle éclatait en millions de petites bulles multicolores déboulant dans les escaliers.

716. Elle Au milieu des profils tout en rouge, elle s'acharnait à oublier la multiplication; elle qui frayait avec l'original, comment aurait-elle pu se contenter d'une vulgaire silhouette de carton?

717. Elle À la longue, elle s'était résignée au fait que tout espace partagé produirait un étouffement fatal, et dans sa voix on entendait déjà la lassitude de celle qui arpente d'autres territoires, cherchant d'autres mémoires, pleurant d'autres déceptions.

718. Lui L'idée n'était pas d'accrocher de petites cages aux arbres dans l'espoir futile d'y attraper des voix, mais bien de greffer de nouvelles oreilles à ceux dont la surdité est un choix volontaire et éternel.

719. Lui Je ne vous raconterai pas les annulations dont nous avons été les victimes, mais plutôt les joies d'avoir eu à composer avec la nuit quand on jouait à la chandelle un drame épuisant qu'on éclairait autrefois d'une si grande intensité.

720. Lui J'irai sur les lieux mêmes pour y dire à voix haute ce que j'écrirai bien plus tard au moyen de mots qui ne veulent rien dire, de ceux qui se débattent pour être entendus et de ceux qui pleurent dans l'air du temps pour que la vue leur soit rendue.

721. Elle Un jour quelqu'un m'a dit qu'il fallait m'en aller, je ne connaissais pas le trajet et j'ai fait en sorte que mon départ ressemble à mon arrivée, là où je feins d'ignorer votre trouble au point de déserter ces lieux à tout jamais.

722. Elle Ce moment sombre et précis où chaque murmure retrouve son poids dans le silence, l'aveu incontournable, les larmes qui s'ensuivent et le temps qui passe sans rien arranger.

723. Elle   Je ne vous connaissais pas cette force, pour tout dire je la redoutais, et maintenant il faut bien admettre que rien ne trouvera grâce à vos yeux sinon cette longue et abominable absence.

724. Lui   Venez voir comme tout est clair, précis, sans ombrage, net et multicolore même, mon cirque privé dont je me complais à faire un étalage éblouissant de clarté.

725. Elle   Tout allait si bien jusqu'au moment où l'on m'a fait don de la parole, glissant sur une question piège, et alors, cet embarras dans ma gorge, mon souffle ridicule, ma voix sublime d'embarras, et les reproches anticipés dont j'entendais au loin le bruissement fatal…

726. Lui   Il faut bien avouer que cette entreprise est une célébration; vos idées ayant fait leur chemin, nous serions intéressés à en connaître la suite, un compte rendu, un bilan, c'est ça, un bilan, non, revenons à la fête alors.

727. Elle   Quelle coïncidence, je pensais justement en parler en abondant dans le même sens, avec les mêmes idées, les mêmes intentions, l'absence comme solution, la suite probable des événements, un dilemme sans conséquences.

728. Elle   La panique s'emparant de la situation, il n'y aura que vous pour faire souffler un vent de sécurité dans les lieux où nous irons manger, imaginant d'autres ouragans, buvant du café instantané avec vue imprenable sur la fumée blanche des tuyaux d'échappement.

729. Lui   Est-ce qu'il existe une opinion possible à l'effet que deux femmes puissent se parler devant un mur de contreplaqué, dans un dialogue inventé, revoyant avec ironie leur ancienne douleur?

730. Lui   J'interviens bien mal, j'en suis hélas conscient, mais il me faut savoir, et dans le jargon qui m'importe, les suites de l'accélération en spirale d'une destruction obsédante ici même avec vous, sans espoir de pouvoir en contenir les dégâts.

731. Elle   Je ne cherche pas à répandre ma beauté, seul mon travail importe et, même si autrefois ce fut mon rêve, vous me verrez navrée désormais d'avoir souscrit à un aussi prétentieux projet.

732. Elle   J'ai suivi les traces de votre parcours erratique, consciente du fait que vous alliez revenir sur vos pas pour me voir, pour me regarder peut-être, pour me parler assurément.

733. Lui   Nous n'avons plus le temps d'évaluer la beauté des choses, ils sont en train de fermer les enveloppes, oubliant notre fatigue, imperméables à notre avenir.

734. Elle   Le nom impossible à épeler, à prononcer encore plus, mais mémorable dans sa complexité, comme l'énigme constante d'une enfance lointaine et soucieuse.

735. Lui   Chaque musique selon son regard, chaque instant selon son rythme, et chaque mot comme une trêve entre le silence du jour et les rêves de la nuit.

736. Lui   Il doutait de la qualité, lui qui n'avait rien appris, soudain devenu expert en tout, il trouvait notre propos périmé et notre manière détestable, lui qui mettait en doute les mots du cœur et les élans de l'âme.

737. Elle   Le prétexte du décalage horaire justifiait l'épuisement, le temps de percer ce sourire implacablement rivé sous le masque inoxydable.

738. Elle   Vous rirez de nous encore une fois, et nous, fiers et conciliants, nous attendrons toujours avec patience et politesse que le tout se résorbe dans la reprise de pourparlers à la futilité éternelle.

739. Lui   La voix d'une rare qualité, le reste, ce que vous dites, le reste vous restera, et c'est bien ainsi, gardez-le, gardez-le bien comme le témoignage de votre grandeur, comme l'indice de notre mépris, nous qui venions d'ailleurs avec l'or, l'encens et la myrrhe à la recherche d'une vérité que nous ne trouverons pas ici, nous vous prions de nous excuser.

740. Elle   Demain, tout repartira et cette activité ardente s'affichera comme de bien bon augure, même si le doute sévit dans les poubelles entre les éclats furieux de notre correspondance.

741. Lui   Il avait trahi la science à laquelle il avait remis son âme pour se faufiler dans les lieux obscurs où d'étranges images lui rappelaient le mystère des origines.

742. Lui   À tout prix, il ne fallait jamais souscrire à l'idée d'être à la merci de ceux qui ont choisi de se perdre dans les remous de notre courant.

743. Lui   Une victoire éclatante sur le sommeil, une partition entre de nombreuses personnes et les moyens de nourrir tous ces gens convenablement.

744. Elle   La voix de l'enfant, monotone et monocorde, lisant un texte simple le dépassant dans sa portée et qui résonnait dans ces lieux comme une provocation légitime.

745. Lui   Une série d'anecdotes, un bulletin de nouvelles, des états d'âme, mesurant la distance, faisant fi des mondanités, valorisant le travail et regardant par terre, lieu de tous les départs et de tant d'arrivées dans la modestie d'un destin commun et partagé.

746. Elle   C'est l'heure où les gens désertent les lieux et, dans le battement des portes, l'absence de tendresse d'une enfance où le père préparait son départ sous les yeux de la mère étouffant son rire dans les odeurs de la nuit.

747. Lui   Toujours la même histoire, toujours l'histoire de ceux qui s'illusionnent dans leur descendance d'une quelconque noblesse, l'histoire improbable d'un hiver sans fin et de ceux qui survivent toujours comme le témoignage prenant de la glace fondant à même la peau.

748. Elle   Personne n'a mentionné ce rendez-vous, et nous ne serons pas du nombre de ceux pour qui le refus est une injure, de ceux qui grinchent, les gencives pleines de rage, habités par la mémoire longue et persistante d'une vengeance imperméable à l'épreuve de la mémoire.

749. Elle Entre l'amour, l'oubli et les baisers promis, il y avait cette ombre qui rampait dans la pièce, effaçant les couleurs, fermant les lumières, installant discrètement le décor de l'absence.

750. Elle À la longue, ils habiteraient les mêmes lieux, le même hurlement, une vision de la mer furieuse, à travers le jaune épars des dernières feuilles de bouleau se tordant dans le givre précoce du mois de novembre.

751. Lui Quand elle le frôla, toute belle, toute jeune et fraîche encore dans ses ravages anticipés, lui volant toute la tension de son corps, l'enfant, qui cherchait des précisions, ne put s'empêcher de reconnaître qu'elle était sa sœur bien qu'elle lui empoisonnât déjà sa jeune vie.

752. Lui «La faillite est imminente», murmurent ceux qui partent, nous laissant recommencer en secret les mêmes incessantes négociations, chuchotant dans nos couloirs, cherchant des amis là où ne se cachent que des alliés.

753. Elle Il n'y a personne pour entendre nos histoires de femmes, notre existence soudaine, notre angoisse éternelle; la couleur qu'il faut encore exhiber pour se prolonger dans l'absence d'un destin contournable.

754. Lui Quand on pense que leur ignorance s'en prend jusqu'aux habitants d'un même espace, circulant dans des zones familières, regardant leurs œuvres, mangeant à la même palette et ne sachant que faire d'une sérénité que les autres ont vite fait de perforer.

755. Elle   Attendant des aveux, s'affirmant l'esclave des mots, traçant un peu partout des visages faméliques surgis de son histoire, toute autre image lui apparaissait comme indigne d'une répétition à perte de vue.

756. Lui   La religion ne défendait pas l'image, et les aigles restaient figés sur la cime de leurs montagnes improbables, onctueux dans la neige et le vent du printemps sous les nuages, planant silencieusement entre ciel et terre, habitant une planète où la vie semblait enfin vivable.

757. Lui   Il prétendait injecter la lumière dans la matière, mais ses tentatives se butaient toujours à son désir de reconstruire les volumes, et son entreprise finissait toujours dans la boue, son visage se recouvrant d'une indescriptible déception, un relief pesant comme le monde.

758. Lui   Il s'était ennuyé, il le répétait à qui voulait l'entendre, son ennui impardonnable, un crime de lèse-majesté qui annulait toute amitié sur-le-champ, donnant libre cours à un cynisme sauvage et débridé.

759. Elle   Trop long, tout ça, trop long, il faudrait resserrer ces longueurs, nous savons tous qu'il faut mettre la vie en capsules et nous y travaillons d'arrache-pied; nous gardons votre nom sur notre liste et nous vous ferons part de nos recherches sitôt qu'elles aboutiront, veuillez croire, chère Madame, en l'expression de nos sentiments les meilleurs.

760. Elle   Livrez-nous le message et, si message il y a, en quoi ce message devrait-il me concerner, moi qui suis au courant de tant de choses et qui n'attends plus de révélations d'aucune sorte susceptibles de troubler la paix de mon intérieur et l'emploi chargé de mon temps?

761. Lui   Un jour, vous sortirez d'ici, vous entrerez par la grande porte, vous oublierez l'adversité de mettre au monde de nouveaux mots dans un lieu ne réclamant plus que la répétition du même mandat, que l'expression surannée du même mensonge prolongé.

762. Lui   Essayant vainement de recomposer ce qui se défaisait, un drame vécu à deux, un miroir, un lourd et long silence prolongé et partagé dans la défaite et la déroute d'une langue de plus en plus floue.

763. Elle   Nous nous sommes retrouvés dans le noir, sans pancarte, à nous perdre, la ville trop grande et le complot sans raison de ces gens qui nous croyaient à jamais démunis.

764. Elle   Nous n'y arriverons pas, débordés que nous sommes, confus et sans direction aucune, le temps avalant nos moyens et la lumière diminuant à vue d'œil.

765. Lui   Ma tête se remplit de choses simples, réalistes et exactes, des notes de musique, le reste n'étant que délires et désirs, une suite improbable de questions, un questionnement, quoi d'autre qu'un interminable questionnement.

766. Elle La compatibilité des mêmes injures, soulignant les injustices, et toujours ce rire surgissant de nulle part, une épreuve de patience et d'endurance pour le crime d'avoir dit ce qu'il fallait dire, rêvé ce qu'il fallait rêver, aimé ce qu'il fallait aimer.

767. Elle Elle aussi, elle comprenait qu'il faut voir dans l'interdiction du plaisir une forme de persécution sourde et insidieuse où chacun paie pour le crime des tout-puissants.

768. Lui Il verrait à ce que la saga se perpétue, et son audace, autrefois si rebelle, reprendrait un relief inquiétant, et beau à part ça, dans toutes les paroles qui n'ont fait que meubler l'espace qu'il s'apprêtait à circonscrire.

769. Elle Personne ne veut se voir auréolé de trous de mémoire, ni recouvert du manteau de la dérision, ni affublé d'un doute échevelé quand on sait qu'il y a tant à faire, à dire même, à dire surtout.

770. Lui Jamais il n'avait vécu une telle humiliation, le sourire final, la poignée de main défaillante, le regard qui se détourne, l'inexorable besogne de piétiner son semblable, le travail sourd et insidieux du pouvoir, l'insensible audace d'ouvrir la poitrine et de serrer le cœur sous les yeux mêmes.

771. Elle Nous avons envie de rire, d'un rire tremblant dans nos viscères, d'un rire séculaire qui annulerait tous les mots qui nous ont tant fait mal, et de rire enfin de nous-mêmes, et de donner à rire, qu'on vienne de partout rire de nous.

772. Lui   Il avait le nécessaire, et le reste lui importait peu, sauf parfois un soupir, une plainte en mineur pour un bleu complaisant appliqué au milieu d'une blancheur aussi impeccable.

773. Lui   Il ferait en sorte que le monde s'emplisse de lui-même, à défaut de voir les objets se modifier sous l'effet d'une vision apprise dans les livres et reformulée dans la reconversion de son cri.

774. Elle   Le destin parlerait, ce qui autrefois avait si lamentablement échoué se verrait aujourd'hui confirmé dans l'annulation d'une arrogance si grande qu'une génération entière n'aurait pas suffi à combler l'humanité pressentie dans la voix des machines.

775. Lui   Je suis le disciple de celui dont les œuvres sont recouvertes d'excréments, et je m'enorgueillis de cette filiation, car le temps fait corps avec mon travail, faisant de moi un être voué à la corrosion et à l'évanouissement inévitable de son univers.

776. Lui   En touchant son dos, il crut palper sous ses mains le début d'une aile repliée sur elle-même et, quand il lui en fit la remarque, elle se contenta de fermer les yeux pour mieux lui mentir sur le monde improbable dont elle s'était momentanément enfuie.

777. Lui   Il se désolait du fait que son fils vivrait parmi les pauvres, leur donnant ses vêtements pour parer à la misère de leur parcours et à la doléance de leur histoire.

778. Elle   L'été, entre deux plages, elle avait eu envie de convier plusieurs étrangers à lui faire le récit de l'histoire du monde, et de sélectionner les temps forts de leur ignorance, les réorganisant pour qu'il en surgisse un rire fulgurant de verdure et glorieux de dérision.

779. Elle   Elle est passée, semant des roses sur son passage, des épines dans ses talons, sa fragilité comme une menace dans l'espace en larmes d'une fin de soirée.

780. Elle   Pourquoi avoir gardé si longtemps cette boîte vide, pourquoi avoir rapporté la table qu'elle contenait comme un hommage à l'usure réduisant déjà la rutilance des rouges en une petite montagne de confettis épuisants de nostalgie?

781. Elle   Demain, nous nous lèverons, mon père, et nous irons voir avec les enfants le lieu où les rêves viennent au monde, là où la vie prolonge sa lumière dans l'émouvante circulation d'une marée humaine à l'échelle de l'espoir, à la hauteur constellée de notre regard.

782. Lui   Il fournissait des excuses, tentant de parer à une aussi grande détresse, la fêlure au milieu de l'assiette, le bruit de la coutellerie sur la porcelaine, incapable de produire autre chose que les retombées vulnérables de son pouvoir.

783. Lui   Soudainement, quelqu'un s'était désisté, il n'y aurait plus de mots dans l'espace, ni de musique d'accompagnement, ni d'éclairages bouleversants, il ne resterait que le blanc d'un hiver passé dans la ferveur pour que les mots voyagent, qu'ils résistent, qu'ils soient neufs et luisants comme des boucliers contre la lumière de tous les soleils.

784. Lui   Chercher en soi les raisons qui ont fait que le hasard nous a installé au milieu d'une situation qu'il faut prendre sur soi et résoudre à tout prix, sinon le risque est grand de voir le monde s'écrouler et sa vie s'enterrer devant soi.

785. Lui   Encore faut-il qu'il y ait ce besoin, encore faut-il qu'il y ait cet effort à fournir et si peu de temps pour combler le manque, pour refermer la brèche, pour enfoncer les clous et faire comme si le regard allait toujours se tourner, le même corps suspendu au-dessus du même vide.

786. Elle   L'image lui restait et les mots dans la tête aussi, l'image du fou, les mots de la rancune et, dans l'intervalle, le désir de supprimer l'un par l'autre, un antidote à la vertu, à la patience.

787. Elle   Le manque, toujours le manque et l'ennui en prime, l'ennui en surplus.

788. Elle   Cette irrespirable complicité, ce mensonge qui s'étire à l'infini et cette fuite qui perdure, tandis qu'à l'extérieur le ciel se rétrécit autour de la comète.

789. Lui   Des nouvelles du livre, des reproductions de toute beauté, et sous l'encre le poids de l'objet, son désir latent, le merveilleux spectacle de l'amitié étalé sur une aussi minuscule surface.

790. Lui   Très calmement, le récit de la chose, le jour inondant la maison de lumière et cet homme qui tousse, le regard enfiévré de compréhension, et jubilant quelque part, jubilant malgré tout.

791. Elle   La machine attendait, il ne prit même pas la peine de lui dire ce qu'ils avaient espéré en vain tandis qu'elle lapait tranquillement son éternel café, rêveuse et retardataire.

792. Elle   Déjà, à un si jeune âge, elle comprenait que les premiers mots nous sont toujours donnés, ou qu'on les vole aux autres, ou qu'ils nous arrivent dans la bouche d'un ange, et qu'à cet instant précis la grâce nous enrobe d'une lumière inspirante et prenante à la fois.

793. Lui   La musique s'étendait en mouvements saccadés, scandant les lieux, éclatante et exacte, les mots déferlant de fébrilité, de ruptures, tremblant d'énergie dans le désir de durer et de dire d'autres mots si tant est qu'une langue perdure et se consume dans leur sillage.

794. Lui   Il ne voulait pas voir l'émotion graviter jusque dans son espace feutré, aménagé en un creuset où toute opinion se verrait mesurée à sa juste valeur.

795. Elle   Elle régressait à vue d'œil, faisant encore une fois le procès de son irrésorbable confusion, l'irrésistible malaise dont elle gardait si jalousement la recette obscure.

796. Elle   La trahison faisait son œuvre, contournant leur ferveur, rongeant les plus démunis et s'érigeant contre le vent entre les planches grises du village vidé de sa rage séculaire.

797. Lui   Au loin, dans la solitude des banquises, le silence blanchi de celui qui rêve aux machines, accomplissant la prophétie de la rouille et souscrivant au credo de ceux qui n'admettent pas que toute destinée doive s'accomplir dans la dissolution.

798. Elle   Le ton jubilatoire proclamant à voix haute que nous n'irons nulle part, nous creuserons notre lieu, les couchers de soleil seront nos chefs-d'œuvre, le mutisme d'un désir inavoué et assumé sans doute, et puis viendront le sommeil, la nuit, les étoiles, et nous n'irons nulle part, je te jure, nous n'irons nulle part, nous vivrons tout ici, nous verrons de nos yeux.

799. Lui   Le pouvoir sera assis dans la première rangée, c'est un nouveau régime, le cynisme remplacera la révolte et nous serons vengés, mon père, la vie nous vengera, je l'écrirai dans un livre et les morts liront enfin ce livre.

800. Elle   Ce n'est pas contre vous que je choisis de m'absenter, plutôt par intention de faire étalage publiquement, désormais, des raisons obscures qui nous déchirent en secret.

801. Lui   Son indignation à l'idée des paroles s'échappant par la défaillance des murs, la voix implorante et toujours ce même projet d'avoir le monde gratis avec l'éclairage en prime pour voir valser les corps dans le vaste entrepôt du désir.

802. Lui   L'hiver avait remis ses gants, et il bravait les catastrophes routières pour être à l'heure, pour voir à l'œuvre les machines gravant la mémoire fragile et fugace du temps, impassible tels des totems riant dans la verdure, le calme des fétiches, leurs masques.

803. Lui   Il n'avait pu convaincre les autres de la sentence recommandée, derrière lui la lumière indignée d'une table de billard, une histoire vieille de vingt ans, reprise et commentée à l'aune de la médiocrité, un mot improbable et une résignation équivalente.

804. Elle   Ils avaient tous lu la lettre, l'émotion était palpable, le papier froissé se déchirait dans leurs mains et le monde fondait dans leurs yeux, le reproche inutile de ceux qui oublieront demain les insultes de la veille.

805. Elle   Replier le sommeil dans l'attente du pire, même en assistant au passage de la catastrophe, même avec la certitude d'un présent défectueux et de l'avenir, comment dire… incertain, pour le moins, incertain.

806. Lui   Le doute insistant de la présence, hésitant entre la matière et l'éveil, tentant démesurément de refaire le parcours dont il dessinait à la longue les cartes et les cours d'eau.

807. Elle   Elle n'avait pas de modèle précis, s'accrochait aux détails de la même histoire, incapable d'inventer le moyen de se redonner une direction et, en définitive, un ensemble de mots plus ou moins conséquents.

808. Elle   Sa voix trop basse, saisie à jamais dans le froid, son charme factice et son corps trop mince, elle allait partir quand elle reconnut, incrédule, qu'elle avait toujours ce trop-plein d'âme qui, en se déversant, finit par creuser d'autres rivières.

809. Elle   Son rire, fatigué, à peine esquissé, charmant pour certains, une mélodie enroulée dans la chevelure d'une comète, un ruisseau printanier, l'enfance à la course derrière un bateau en papier tourbillonnant dans le courant au milieu de banquises miniatures.

810. Lui   Chanter, oui, mais à quel prix, l'époque chiffrant chaque rêve selon sa mesure; il ne restait plus d'idoles à renverser ni de foi suffisante pour transporter les montagnes, une musique lointaine et c'est tout, et pourtant, la nuit s'étend sur les corps, la nuit revient, je sais, mais à quel prix revient la nuit?

811. Elle   Elle était troublée d'admiration à l'idée de son aller-retour, ânonnant les mêmes propos, exhibant avec indécence les preuves indéfectibles de sa gloire toujours posthume.

812. Elle   Dans le grésillement du téléphone, la preuve noir sur blanc d'avoir bravé la nouveauté, d'avoir osé imposer un style, un propos et, qui sait? une manière de se comprendre autrement.

813. Lui   Il se gonflait d'espoir à l'idée de son éventuel retour lumineux, les arrangements savants de ses barreaux virtuels et toute la clarté contenue dans des écritures digitales à l'extrême.

814. Elle   Savent-ils seulement la grandeur de mon désir de faire partie de cette parole, de ces mots qui forment des dessins sur les murs et de ce corps qui me brûle les bras quand il flambe en vitesse à portée de la main?

815. Elle   J'irai voir de mes yeux, j'irai voir, je quitterai momentanément mes contradictions et la folie qui m'obsède pour m'absorber dans le murmure des voix, les regards et la magie merveilleuse de la nuit quand elle rugit dans le noir de toutes ses étincelles.

816. Lui   Il ne manque plus que la signature, et mon bonheur sera complet, loin d'ici, loin de vous, où je m'appliquerai à oublier jusqu'au moindre soupir de votre obsession monumentale.

817. Elle   L'interminable route du retour, vos exigences aléatoires et la mémoire défaillante quand il s'agit de constater la traîtrise du temps et même l'ampleur des services rendus, même ça.

818. Lui   Encore une fois, la vanité et la misère s'accusent mutuellement d'avoir réduit le grand homme à la bassesse humiliante de menus travaux mal rémunérés.

819. Lui   Parfois, la musique s'épuise au point qu'il faut lui donner une onde de choc, sans quoi le regard se perd dans la quête aveugle et interminable de ceux qui s'épuisent dans les centres commerciaux à la recherche de leur déplorable malédiction.

820. Elle   Le monde peut facilement se comprimer dans l'indécence anonyme d'une enveloppe brune qu'il ne faut surtout pas ouvrir.

821. Lui   Désormais, je paie les factures, j'écris à la main et je prends en note les poèmes dictés par mon fils, le bonheur est un mot, la vie, un mystère et mon cœur s'emplit de lumière dans un lieu où la vérité ne m'appartient plus, où j'apprends à me taire chaque jour immuablement.

822. Lui   Il voulait joindre la colonne de ceux dont le sort ténébreux et tourmenté se déplaçait dans la menace de persécutions nouvelles, de dangers millénaires et, pourquoi pas, tant qu'à y être, de promesses nouvelles.

823. Lui   Les années passeront, la mer redessinera le paysage à sa manière, temporisant sur la démarche, consolidant le tout en une masse obscure et résistante, un monument à la mémoire de notre absence anticipée.

824. Elle   Le cercle des femmes se reformait autour de leur séculaire besoin d'embellir la vie, les aiguilles traversant les couches de l'histoire, le son des voix se confondant au travail, et l'océan tout proche pénétrant le sable jusqu'au bonheur.

825. Elle La neige recouvrirait le monde et, dominant sa blancheur du haut de sa fenêtre, elle s'abstiendrait d'exposer son corps fragile aux rafales aveuglantes de ces nouvelles nébuleuses que le vent soulève dans son souffle profane et féroce.

826. Lui L'hiver avait fermé les routes, on sortait des terriers, elle s'était perdue tel que promis, et maintenant il irait la voir, elle, dans le sanctuaire qu'elle avait érigé à la gloire de leurs élans coupables.

827. Elle La route s'allongeait dans les cartes; elle contournerait les écueils et les récifs, les regards terribles qui la retenaient toujours sur le territoire troublant d'un désir à toute épreuve.

828. Elle Soudainement, la tristesse d'une brûlure, un avertissement dans la nuit, la mélodie oubliée et retrouvée de joies futiles et lointaines, une main qu'on quitte, le son d'un moteur qui s'éloigne, le silence qui referme doucement la porte et toute cette vie à poursuivre.

829. Lui Il fuirait l'arrogance de ceux qui n'ont d'autre projet que de porter atteinte à la conservation de vérités dont il avait catalogué ailleurs les doutes et les solitudes.

830. Lui Dans cette maison qui l'aveuglait, il faisait grand cas de mettre hors de péril les dires péremptoires et définitifs de ceux qui se prononcent sur l'éphémère et l'inconstance de vérités d'une fragilité sublime.

831. Lui   Se faire piéger dans le labyrinthe des mots, s'arranger pour qu'ils se transforment, qu'on les fixe sur image, l'illusion décevante d'avoir transcendé la mémoire, de lui avoir trouvé un refuge dans la montagne.

832. Lui   Ceux qui triomphaient dans l'ineptie, les petits génies, les sans-dessein, voilà qu'ils étendaient leur hargne sur nous, se targuant des détails, regorgeant de futilité, triomphant dans leur entreprise secrète et mesquine de tout défaire à leur image.

833. Elle   Dans sa bouche, le mal s'étendait jusqu'aux paupières, les médicaments impuissants et, derrière son bureau noir, un désir de contrôle constant à fleur de peau; oublions le sang dans les crachats, nous serons forts un jour, la conviction inscrite jusqu'au secret des mâchoires.

834. Lui   Nous partirons, la vie continuera, nous délaissant, voilà pourquoi il est si important de se convaincre dès maintenant de cette vérité irradiante d'exaltation.

835. Lui   La poésie devrait s'emprisonner dans les livres, lisible et relisible, autrement le flou s'installe, la panique éclate, le monde permute, le lieu même des mots s'estompe, le monde se cristallise et la vie s'étiole au grand jour.

836. Lui   Autrefois, il marchait vite, égarant sa vie, un gâteau à trois étages, mais maintenant, il aide les autres à le suivre, trépignant et obnubilé de ferveur, les invectivant de ses urgences, de ses rages.

837. Elle   Dans sa voix, il voyait surgir des dessins, des lignes maladroites et enchevêtrées qu'ils s'appliquaient ensemble à tracer dans un énorme livre, l'hiver, et maintenant ils parlaient de partir, un traité sur l'oubli, il ne resterait que les mots pour parer au vacarme, au tourbillon, à l'éblouissement improbable d'un consentement démenti.

838. Lui   Toujours cet incessant vertige, cet écheveau à démêler, à mesurer, les mêmes explications, les mêmes replis à rassurer, oubliant qu'attendait toujours quelque part, hargneux et rancunier, un travail mal entrepris et interrompu.

839. Lui   Derrière une masse informe et terne, il espérait mettre de l'ordre au nom d'une cause obscure dont nous cherchions tous, abasourdis, les aboutissements promis et orgueilleux.

840. Elle   Comment ne pas mentionner la mise au rancart des voyages, ces mains repliées sur l'absence, ces regards intenses d'inquisition, toute une panoplie d'artifices où le poids se confond au plaisir, l'odeur de la peau, prenante de l'épiderme à la moelle.

841. Lui   Pourvu que soit inclus le mot *magie* dans le concept global du rythme et des sonorités aguichantes, ou même stimulantes, d'une générosité jugulaire et débridée.

842. Elle   En autant que nous arrivions à percevoir la beauté comme un habitat inconstant et éphémère, la gloire momentanée, un cliché perturbant, quelque chose du genre, une redondance, une redite…

843. Lui Il entreprit la chronique de son séjour au milieu des démunis, ceux qui n'ont rien d'autre à offrir que les cicatrices de leurs limites, s'inventant une vie sans merci, chaque parcours s'effritant sous le couvert de la menace, une course sans relais où sa voix trébuchait déjà.

844. Lui Quelque chose de très fin, quelque chose comme un aveu insurmontable, quand le temps leur appartenait, regardant leur vie s'étaler en filigrane, une boîte de carton assez grande pour y bricoler des rêves permanents.

845. Elle La même histoire autrement, l'histoire de cet homme pour cette femme, qui s'achève dans la proclamation d'un départ imminent, d'une retraite plus ou moins accomplie, plus ou moins compromettante.

846. Lui Il faudra bien, un de ces jours, risquer un regard dans le rétroviseur, se rendre compte qu'il fallait effectuer cette manœuvre, qu'il fallait cesser de rétrograder ainsi pour voir un jour naître le monde sous nos yeux.

847. Lui Il ferait surgir ces images, il revisiterait les lieux saints, il ajouterait sa voix, ses idées à cette visite, il en ferait une prière, une élégie, une odyssée, un reportage convulsif et majestueux.

848. Elle Mais moi, au moyen de simples paroles, comment pourrais-je faire en sorte que l'on m'entende au centre du vide qui m'absorbe, dans la mémoire qui me fait défaut et au milieu de ces gens attendant d'être secoués par la douleur complaisante d'un rire aussi exagéré?

849. Lui   Sans scrupules, il avouait ses limites, se consacrant
à la réduction des stocks, à la compilation méticu-
leuse des invendus et à la vérification de la qualité
dans les abattoirs de la nation.

850. Lui   L'exil semblait une solution inévitable, les grands
écrivains de son pays daignant parfois reprendre
le pouls exotique de leur milieu, l'œil rivé sur les
babillards électroniques où l'Occident rature ner-
veusement les arrivées et les retards.

851. Elle   Ils ne vous connaissent pas, ils ne pensent jamais
à vous, vous imaginant au passé, sans héros, sans
mythologies, sans mémoire suffisamment consis-
tante pour mériter leur admiration ou même leur
simple intérêt.

852. Elle   Je resterai, je ferai ce qu'il faut faire, je le ferai si
longtemps et si intensément que la vie prendra
note de mon obsédant désir, de mon abnégation,
du démon qui m'habite et qui m'assaille, même
dans mon sommeil, qui m'assaille.

853. Elle   Un jour, je parlerai leur langue comme j'ai appris
la vôtre, je me rendrai sur les lieux, je verrai mon
pressentiment dans leurs images et j'en surgirai
séduite, les veines remplies de la lourdeur de l'air,
éprise de la croûte terrestre.

854. Lui   La conscience serait-elle le seul moyen, gauche et
étrange, de transcender la médiocrité ?

855. Elle   La Bible, la sainte Bible, le seul livre selon lui digne de lecture, et sous son chapeau, planté dans ses bottes de mâle et de dompteur, il survolait les lieux, en ange exterminateur, porté par le souffle vengeur de Dieu, son gars sur la Terre.

856. Elle   Je les croise dans les corridors, ils me murmurent les mots qu'ils ont appris par cœur, s'informant du manque, me répétant leur drame, à moi qui éclate de rire, sachant bien qu'ils sont la proie d'un rêve dont ils se réveilleront à bout de souffle.

857. Elle   Je m'informe, je sais qu'elle a pris l'enfant en s'en allant, disant à qui voulait l'entendre à quel point le vertige des mots pouvait seul parer à son inconsolable détresse.

858. Elle   Faites-moi signe, j'aimerais tant confondre mon regard au vôtre, prêter mon corps, le projeter dans votre espace, lui dicter la cadence que vous anticipez, ces diagrammes sévères jonchant nos cavernes communes et la douleur comme point d'achoppement ultime dans le parcours parfois étrange qui nous unit.

859. Lui   Il débusquait ses arguments, flairant le complot, mettant en place un appareil inquisiteur destiné à châtrer les coupables et à consolider son auréole inoxydable jusqu'au prochain millénaire.

860. Lui   Cette vanité, cette complaisance, cette propension à amplifier la moindre peccadille en une vaste panoplie, se déployant, toutes voiles dehors, bretelles et tambours de guerre confondus.

861. Elle   Quelle heure est-il; son sourire illuminant du coup la fadeur de la nourriture et son corps fondant à contre-jour où se résigne l'essentiel; il est cinq heures.

862. Lui   Nous n'avons pas su enrayer la médiocrité, et à la longue nous en sommes devenus les victimes inenrayables, demandant sans cesse vers quelle absence détourner notre regard, le noir permanent, sous le vernis où la vie se refait inexorablement.

863. Lui   Dans ses yeux, un épuisement à perte de vue, dehors une tempête, la neige printanière, dans chaque main un sac lourd rempli de déchets et, dans sa voix grave épousant la déception, l'absence menaçante, sans cesse promise, sans cesse remise.

864. Lui   Il avait pressenti l'échec, sa démission dans la précipitation planifiée des échéances et, entre-temps, il parlait de la texture des choses, du scintillement des rêves, son travail prenant corps dans le calme et la quiétude d'un bureau surchauffé.

865. Elle   Elle était heureuse de son travail invisible, imperméable au monde qui l'entourait, imbue de sa gloire soudaine et entremetteuse dans les vocalises s'étouffant entre elles dans un ultime bouquet.

866. Lui   Le monde lui échappait, il aurait voulu remodeler sa mémoire en images, la congeler dans une série de petits emballages frigorifiables et faire en sorte que le monde s'arrête, et faire en sorte que la vie se fige à demeure.

867. Elle Dans son visage, elle vit apparaître les courbes que prendrait son départ, les lieux où elle irait, les gens qui lui promettaient le gîte et le couvert et, quand il se leva, elle se retrouva déroutée, se demandant le jour propice à l'exécution d'un aussi sombre dessein.

868. Elle Le projet se déployait, un monstre rampant retrouvant ses pattes, la certitude des apparences, la rage en moins, le désir de passer aux actes; il devint évident, une fois n'est pas coutume, que l'effort s'avérait dans l'insuffisance, qu'il fallait se résigner à l'admiration béate de ceux dont la voix contrainte se voulait le témoignage avoué d'une grandeur pour le moins séculaire.

869. Elle Une tentation originelle, une nudité impeccable se heurtant sans cesse à la voix de celui qui règne dans les cieux, et les arbres projetant leur ombre sur le chemin qui serpente entre les rêves.

870. Elle Il avait la stratégie de la méfiance, le doute comme torture, l'impénétrable cynisme des oisifs et, menaçante, l'épouvantable besogne de ceux qui s'affairent à gérer le déclin, à cartographier les failles, à régir la vengeance, une drogue rationnée à l'extrême.

871. Elle Chacun dissimulant un projet inavouable, un continent submergé, son rire dans la nuit et la pose malhabile qu'elle avait inventée pour confondre les aventuriers hilares qui cherchaient par tous les moyens les courbes émouvantes de sa rivière souterraine.

872. Lui   Le complot grandissait, une tache indélogeable tandis qu'on enquêtait à l'étage du dessous, il feignait de ne pas être affecté par l'urgence du vide dévorant à vue son monde enviable.

873. Elle   Elle cherchait les causes d'un mal qui ravageait sa raison sous le couvert de l'amour émettant faiblement son signal dans le dépaysement d'un lieu qui autrefois leur avait appartenu.

874. Lui   Il était à la recherche d'une quiétude introuvable, d'un poste d'observation au-dessus de la circulation, d'un lieu où la musique naissait du bruit, d'un moment mystérieux où la pulsion contrecarre la mécanique.

875. Lui   Tarir la marque indéniable de l'ego, travailler à la perpétuation du pouvoir dans les classeurs de la mémoire, là où l'on écoute vraiment, quand il se fait tard et qu'on se demande si tout geste ne serait pas porteur, au fond, d'une indéniable futilité.

876. Elle   Elle arrivait à dormir malgré l'incessante agitation des animaux dans la nuit; il y aurait du vent et cet indescriptible besoin de faire taire les rumeurs du monde, les suicides collectifs, les scandales politiques et l'inondation probable du territoire habitable.

877. Elle   Une présence, il ne lui en demandait pas plus, cherchant des raisons d'habiter son silence, d'occuper toute la place, de jongler, décrivant de grands cercles autour d'elle qui ne disait jamais rien ou presque.

878. Lui   Parer les coups faisait partie de sa nature et, comme il l'avait lu, longtemps auparavant, dans un vieux livre rongé par l'étude des langues mortes, il n'y avait plus de place désormais, ni sur sa peau ni dans son cœur, pour de nouvelles cicatrices.

879. Lui   L'impression d'être écouté, il aurait aimé se voir au milieu de ceux dont le courage s'imprègne de bravoure et d'élégance, mais il restait là, inquiet, à regarder de petits personnages se dandiner en équilibre au bout de leurs échelles de métal.

880. Elle   Hilare sous le regard des autres, de ceux qui se prélassent sur leur galerie, redécouvrant un monde dans les couches sédimentaires d'une autre glaciation, derrière le bouclier étanche et blindé de leurs verres fumés pour toujours.

881. Lui   Il connaissait le périmètre par cœur et, à nouveau, il verrait courir sur la scène ceux qu'il s'apprêtait à investir d'une mission secrète, leur accordant le privilège d'exposer les insignes de sa puissance, le sceptre tournoyant à bout de bras sur les planches du donjon.

882. Lui   Le métal éventré, la suie comme une œuvre recouvrant ses mains, et la découverte de la preuve sous la pierre chauffée à blanc; qui avait bien pu, qui d'autre et surtout comment?

883. Lui   Rien au monde n'aurait pu l'égayer plus fermement que la vue des fresques lumineuses et fragiles recouvrant les blocs de béton lugubres d'une caverne improvisée, le souffle des buffles fonçant avec ferveur dans la nuit des origines, rendus fous par l'éclat dévorant des projecteurs.

884. Elle   Les mots faisant défaut, la glace persistante d'une dérive printanière, le bruit de la voiture, la peau sous le cuir du manteau, la sincérité du moment, son émergence naïve, une inconsolable nostalgie et le soleil qui enrobait le monde, un carrousel, un éclat d'été, un sourire définitif.

885. Elle   Elle préparait un livre, un ouvrage sur la lumière et, en lui touchant l'épaule, elle constata une fois de plus le surgissement imperturbable des protubérances de la féminité naissante, une bouche, un paysage inhabité et le regard jeté distraitement sur un ailleurs lointain.

886. Lui   Que faire de ceux qui nous reviennent nimbés de l'ineffable aura de leur grandeur, et comment se fait-il que nous ayons accepté d'être la proie de leurs menteries alors que nous, les princes de nulle part, agenouillés dans les cendres et le vent, prions toujours pour que nous soit rendue la vie éternelle à l'instant et sur les lieux mêmes?

887. Lui   C'est l'histoire d'un homme parti dans une ville lointaine et qui demande asile à deux endroits en même temps, dans deux langues différentes, qui se voit ouvrir les deux portes et qui choisit d'en refermer une pour mieux apprécier les mirages de l'autre sous le coup d'un camouflage indéfectible.

888. Lui La preuve de son ouverture résidait dans la manière abrupte et intransigeante qu'il avait d'interrompre brutalement toutes conversations contestant ses dires et propos, le complot tapi qui ricanait dans les briques de son bureau, devenant rumeur, prenant feu, le chassant de son trône, le dépossédant du contrôle absolu qu'il gardait sur les images vénérables des siècles passés.

889. Elle La vulgarité de cette femme, sa propension à poursuivre l'œuvre de ceux qui l'ont précédée dans le laxisme, cette facilité dans le propos, cette vanité qui ne cesse de s'exhiber, et les autres qui rient, mettant le monde à distance enfin, aux toilettes, aux poubelles.

890. Elle L'indignation à la vue des dernières convulsions de ceux qu'on vient de fusiller, l'écran minuscule tremblant de tous ses électrons devant une fenêtre immense où meurt, feuille à feuille, une plante qui n'en finit plus d'oublier le fleuve lointain d'où on l'a arrachée il y a de cela si longtemps.

891. Lui Les reptiles rampant dans les champs magnétiques, une vision intenable devant la loi.

892. Elle À minuit, on fermait les abattoirs, la nuit et la faim reprenaient leur ronde continuelle et tendue dans le temple de béton, le centre commercial vibrant du cri de toutes les frayeurs et de tous les appels sans secours.

893. Lui Une vue sur le monde comme on en a toujours rêvé, pantelant et vaincu dans un aréna, un samedi après-midi, imbus de la ferveur des vestiges et des orages d'antan, incapables de saisir, dans le grésillement des haut-parleurs, les indices d'une protection élémentaire, d'un projet global, d'une direction qui nous élèverait, pour une fois, au-dessus du banal, du commun et du doute.

894. Lui Le ravissement des merveilles, la liberté promulguée, le bricolage des rêves, la mise en chantier du désir, l'espace indéniable accordé à la venue et à la parole de ceux qui se sont improvisés les prophètes de la bonne entente et les marchands du compromis.

895. Elle Oui, le poids des édifices, une autre source de conflits, de vieux vêtements dans des miroirs fatigués, une rose sur un lit, un gant greffé à la peau et cette valse qui visiblement n'a d'infini que le titre.

896. Elle Libérée de l'envie troublante de porter les choses à leur fin ultime, de terminer ce qui reste à accomplir, de prendre d'autres avions, vous ne m'embrassez plus sur les lèvres et je sais pertinemment bien que la neige s'accumule sur les routes tremblantes de votre regard au point de vous voler tout espoir de retour.

897. Elle J'agrandirai ma vie, j'en ferai un livre digne des choses qu'il me reste à dire, des lieux à fréquenter, des visages immortels, du temps qu'il me faudra ciseler avant de le voir baisser puis disparaître dans la danse éphémère commandant toujours à mes trop nombreuses urgences.

898. Lui Jadis, quand la patience m'habitait, retraçant sans cesse le même sentier, une banquise raisonnable se reflétait dans des eaux intactes, me répétant exactement un dernier appel avant de voir le soleil prendre son envol, revivre au loin son crépitement définitif.

899. Lui Il serait généreux, revoyant sa silhouette à contre-jour dans un corridor, sa photo, le nom dont il est censé se souvenir et son sourire éclaboussant son visage quand il pense à elle, la couleur jaillissant de ses yeux, infiniment beaux, infiniment aimables.

900. Elle L'histoire de l'abondance raccordée à la volonté de se donner un discours raccordé à la tristesse indéfinissable du moment, raccordée à l'impossibilité d'entreprendre une conversation suivie, c'est quoi encore la fin heureuse que nous aimions imaginer?

901. Elle Une vie affichée comme l'importance primordiale dévolue à la marche, à la manière de lever les yeux, de détourner le regard, les multiples méthodes de projeter son rire hors de la bouche, d'écouter, tout ça, était-ce suffisant pour générer un intérêt monnayable?

902. Elle Hausser le ton pour qu'on entende distinctement, même dans le murmure, la protestation de ceux qui autrefois élevèrent la voix pour que d'autres à leur tour élèvent la voix dans un murmure infiniment vaste et volontaire.

903. Lui Il ferait en sorte qu'il ne soit nulle part fait mention de leur malaise, pour que disparaisse cet étrange accent, son incessante intrusion dans les méandres d'un passé malchanceux et consternant.

904. Elle Son écriture l'emmenait hors d'elle-même, elle partirait bientôt à la recherche de cette autre qui l'attendait sur la route, un piquet dans le paysage, un personnage planté au hasard dans un décor au milieu de mots mémorables à jamais.

905. Lui Nous avons toujours eu des projets, comme cette fois où nous avions convenu, dans une nuit étrangère, accoudés à un bar anonyme, que l'amitié serait notre refuge, les livres notre correspondance et le langage notre excuse.

906. Lui Il y a cette ville entre nous, cette ville qui ne ferme jamais et que nous aimons, notre cœur battant vingt-quatre sur vingt-quatre, circulant dans le débordement inconditionnel d'un signe des temps, un taxi nous attend, sa course nous ruine, plutôt, nous sommes ruinés par sa course.

907. Elle Il était au bord des larmes, je l'ai vu, son cœur de paillettes, brillant de séduction, flanchant à distance dans la vibration de la voix, se demandant comment faire pour engendrer autant de sincérité.

908. Lui Ceux qui s'appliquèrent à prédire notre perte se sont eux-mêmes perdus, leur silence maculé d'encre indélogeable, le poison de leurs flèches essoufflées, cassant, le bruit sec de leurs injures éclatant sur le béton.

909. Elle Un silence décontenancé suivit ses paroles prenantes, son écho pantelant dans le vide soudain des fibres optiques, un bruit lointain rampant vers la table où ils avaient tous pris place, le besoin soudain de remettre de l'ordre dans le flot des émotions, quelqu'un, au hasard, s'empara de la parole…

910. Elle J'ai recréé le désordre de ma vie dans le décor exigu de ma chambre, la nourriture intacte et l'ennui me pèsent quand je regarde cet espace lourd et confus, les nuits où je marche, suivant de près mon désir, me laissant entraîner par le goût amer de leur mélancolie.

911. Lui Ils ont investi dans une culpabilité sans mesure et, tous les soirs, dormant dans le même lit, affublés d'une nostalgie commune, ils cherchent une rupture au sortilège qui les exile dans les même bars, les noyant dans le même alcool, les plongeant dans le même délire.

912. Elle Être suffisamment au courant bien que le lieu se prête mal à l'aveu d'une aussi grande déroute, l'amour pourtant si exagéré d'autrefois, imbibé de banalité, attendant l'heure de s'esquiver, remontant le temps vers d'autres vestiges.

913. Lui   Les avions de guerre introuvables, les caches d'armes à domicile, les bombes domestiques; autrefois, en creusant un tunnel sous un lac, ils avaient vu le paysage sombrer dans la boue, sans même se donner la peine d'établir un lien, une cause, une erreur, une raison.

914. Lui   Ils avaient surmonté l'horreur du voyage, s'étaient installés sur des terres basses et stériles qui les avaient protégés de la menace des bourreaux, et maintenant ils voulaient regagner la terre ferme, nantis de leurs préceptes, imbus de vengeance et, parfois, en élevant le regard ou la voix, ils entendaient les rumeurs incessantes, la rage ancestrale, gardée ensemble, gardée intacte, gardée à jamais et désormais partagée pour toujours.

915. Elle Les mots devenus des balises dans le grésillement d'une ligne téléphonique, au loin, sa voix m'étouffe, je ne me souviens plus des motifs, je n'écoute que la voix, la certitude qu'une telle beauté ne peut voyager sinon dans la chaleur du corps qui l'habite.

916. Elle Ce soir-là, on fêtait un anniversaire, le souvenir de l'époque où les mots avaient commencé à circuler dans nos maisons d'esclaves, le soir même quelqu'un l'avait touché, lui rappelant que le réel était un pays où il s'en irait vivre, il se voyait déjà coincé dans l'engrenage des mots, leurs agencements malaisés, leurs exigences, leurs espaces infinis.

917. Lui   Une ville soumise pour laquelle il ne tarissait pas d'éloges, de mépris, de crachats et d'injures; il s'était bricolé un modèle d'intégrité, la soumission devenue le panache sans contredit de sa grandeur péremptoire, l'affirmation inconséquente de notre modeste présence, laborieuse et encombrante.

918. Elle   Comment prendre place si ceux dont nous envions le sort ne font même plus le poids en toutes lettres, nous qui ne sommes que d'obscurs tâcherons, de vains gribouilleurs dans le livre anonyme et martyr de notre histoire ravagée.

919. Elle   Quand ils ouvrirent les caisses, ils s'aperçurent qu'il s'en échappait de la lumière, et la salle fut soudain envahie d'un éblouissement dont on parle encore dans cette ville chaude d'où je m'enfuirai bientôt, car la lumière ne doit pas être répandue sur ceux qui ont fait vœu de vivre une obscurité aussi intègre que durable.

920. Elle   En bousculant l'ordre du monde, en demandant un monde mal à propos, en s'ingérant dans le cours du monde, et, toujours dans la mémoire, ce cri qui traverse un après-midi blême et humide où il fait bon célébrer et qu'on s'imagine au contrôle du temps, à contre-courant de l'histoire inutile et bavarde.

921. Lui   Il avait trouvé dans les images le courage de parler, de dire enfin sa tourmente quand il écrivait au tableau noir, les mains raidies par la craie, les yeux rouges d'avoir vu d'aussi émouvantes merveilles se fondre dans le vide lointain de l'enfance.

922. Lui   Une grande quiétude, une prière entre la soupe et le plat principal, le refus de croire qu'il puisse exister autre chose qu'une joie aussi élémentaire, l'Afrique dansant sur un rythme emprunté aux Indiens, leur peau soyeuse tendue dans la poussière, leurs yeux cherchant la sortie introuvable, un prétexte pour une autre bouteille.

923. Elle   Là-bas, dans le brouillard, là où toutes les voix se confondent en un silence austère et prenant, la distinction d'une présence, son regard et sa connaissance de la vraie histoire, cachée et perdue, un trésor qu'elle allait enterrer, sa volonté de plus en plus ferme.

924. Elle   Votre musique, la musique de votre voix, votre déplacement, toutes ces choses appréciées à votre insu à leur juste valeur, comme autrefois quand j'habitais la terre souveraine de mon appartenance, si vous saviez à quel point je m'en souviens, si vous saviez.

925. Lui   Tous les étés, il remontait le cours de l'exil et, le temps des vacances, il imaginait un lieu perdu, cette obsédante obligation, ce rendez-vous irréparable, une fuite insaisissable du haut d'un avion, le bruit se perdant dans l'oubli de la colère, la sensation de la durée, le temps trop court d'une famille s'agrandissant dans l'absence.

926. Elle Il faut être heureux à tout prix, j'en sais quelque chose, toutes les diseuses de bonne aventure sont là pour m'en faire le récit, et moi je sais que ce temps-là est arrivé, cessons de parler, il faut engendrer d'autres mensonges, d'autres espoirs, d'autres vies.

927. Lui Vers trois heures du matin, au restaurant de l'éternité, il prenait conscience de l'obésité du monde, tandis qu'on passait une eau trouble et nocturne sur la céramique, les gens autour de lui étalant ouvertement leur hargne, fixant le vide de leur assiette.

928. Elle Attendant la sonnerie du téléphone, qu'y a-t-il d'autre à dire, sinon peut-être qu'il n'y a rien à faire d'autre qu'attendre que la sonnerie du téléphone se manifeste.

929. Elle Nous irons dans cette ville, nous attendrons sur le béton, la musique nous envahira, le froid sera au rendez-vous, nous connaîtrons le secret de notre existence, les longues nuits d'hiver préparatoires, la rage d'une voix scandant sans merci les pas d'une danse sans limites.

930. Elle Votre souffle fait écho à ma fatigue, la léthargie du moment, maintenant que vous le dites, que vous m'en faites part à cette heure tardive, comme je comprends votre fuite, ce manque constant en équilibre sur le fil du temps, enroulé dans ma main, les traces toutes rouges encore de votre désir.

931. Lui Il revenait toujours à l'histoire de cette pauvre femme qui jadis se traînait sous les tables, jappant ivre morte, exhibant à tous sa poitrine nue pour mieux en masquer le cœur.

932. Lui Ce fils qui se cogne partout, son corps marqué, sa vie comme un bref passage dans une salle d'attente, un sismographe écrivant l'essentiel, une ellipse court-circuitant tous les sens, réparant tous les dégâts.

933. Lui Il en parlait comme d'un personnage, sa vision me revient, son débit rapide, sa fébrilité, un verbiage consciencieux, appliqué, intarissable, tout ce qui se dit, tout ce qui s'exprime, indécent, soucieux, une spirale dans l'océan qui nous échappe, le mensonge, la vanité, le discours précipité, un incessant vertige, une mémorable réplique, tout ça, c'était lui.

934. Lui Passé la porte, passé la surprise, passé le regard des Noirs, la musique comme passe-partout, le reste reprend sa place et nous dansions comme des Blancs mal à l'aise.

935. Lui Le pouvoir l'avait informé à l'effet qu'il vaut mieux sacrifier une bonne idée à la majorité souveraine, camouflée dans les méandres de l'arrogance, l'empire confus d'une révolte subventionnée par des siècles de sacrifices et de prières obligées.

936. Elle L'année avait été longue, inconcevable et infidèle, mais bientôt le printemps reviendrait et, dans le vent qui fondait la neige, elle entrevoyait d'autres retards accumulés, tant de choses à faire, et le sommeil qui menaçait déjà de lui réclamer son dû.

937. Elle Le vrombissement de l'avion, les bribes d'une histoire d'amour, le sommeil qui s'enfonce dans le corps tout entier et le film, mauvais, comme d'habitude.

938. Elle Elle ne pouvait s'accommoder d'un babillage aussi inépuisable, une enfilade de mots aussi drus, aussi inconséquents, et dans les nuages, le battement de son cœur, les ailes d'un ange dont elle entendait le chuintement par distraction.

939. Elle L'ignorance momentanée de la solitude, le fait d'avoir repris le monde exactement là, le temps d'aller aux toilettes, le temps de courir sur des dalles de béton, le temps de lire quelque chose d'urgent, de se laver les mains, d'écouter ses pas, de poser son regard, s'imaginant dans les bras de quelqu'un, faire comme si le monde ne nous avait jamais quittés et rêver que la solitude rôde encore dans les parages.

940. Lui Il le savait et, comme un doute transformé en certitude sous le poids des négations, il en était venu à la conclusion que la femme avait emménagé avec le cheval et que, toujours selon lui, ils formaient un couple heureux, imbus d'une satisfaction mutuelle et profonde.

941. Lui Elle lui avait enjoint de suivre les mouvements de son corps, commandement qu'il avait rempli à la lettre jusqu'au moment où elle avait enlevé sa perruque; la pluie tombait, il y avait de la fumée peut-être, un acteur égaré dans un mauvais film, il éteignit le projecteur et reprit la route, dépossédé du désir qui dégonflait son archet.

942. Lui   Bientôt, ils referaient la musique pour ceux qui se rassembleraient, encore une fois, clamant haut et fort leur appartenance éternelle à cette terre absurde, tout en lambeaux du dehors, les étoiles du firmament consternées sous une pyramide de complaintes.

943. Lui   Se penchant devant le groupe, il exigeait que le sourire soit l'équivalent du sang circulant dans la rage, la cause profonde d'un scandale continuel.

944. Elle   Il avait peine à croire que ce personnage, le père du peuple, puisse remplir son rôle, sa présence digitale perturbant les lignes de force, provoquant un émoi détectable à vue, et mettant tout en œuvre pour que son mausolée soit terminé en temps et lieu.

945. Lui   Comprendre le fil des idées, et voir enfin et voir longtemps ce qui s'affirmait autrefois, ce dont il doutait et dont il avait fini, avec le temps, par voir les coutures à peine perceptibles, le sentiment improbable que les clous, encore une fois, étaient bien faits pour être plantés.

946. Lui   C'était la fin de la soirée, la nuit reprenait son territoire, et il craignait à tout instant l'explosion soudaine de sa tête, même en remerciant tout le monde de l'avoir gonflée à ce point ultime, il craignait que la déflagration ne survienne au milieu même de la réception; voir sa tête filer vers le plafond lui était devenu une insoutenable angoisse.

947. Elle   Le travail, quand il est terminé et qu'on en éprouve l'éclatante fatigue, est-ce qu'il serait de bon aloi d'en faire la remarque à ceux qui se complaisent dans la perpétuelle recherche de pièces justificatives, je vous le demande, une fois pour toutes, répondez-moi.

948. Elle   Sa position lui faisait parfois oublier l'armure dont elle devait se prémunir pour faire face à ceux dont les lèvres se pincent d'indulgence, de candeur et de naïveté, reprochant la dissociation d'un consensus qui voit dans la conscience un secret facilement échangeable contre l'auréole du pouvoir.

949. Elle   De quelle façon les larmes peuvent-elles constituer un gage de rassurance, une preuve accablante que la foi sera désormais à l'abri des intempéries de la mémoire, que le vent se remettra à tourmenter la mer, que la nuit gardera intacte notre indéracinable détresse?

950. Elle   Assise près de lui, elle lui avouait son admiration mitigée, même le temps se soumettait à ses cheveux qui lui barraient le visage et à ses yeux qui s'attardaient sur les sièges vides.

951. Lui   Comme un guet-apens, comme un silence interrogateur, comme un moyen de se renfrogner dans l'émotion, comme un camouflage, comme la densité du doute, il regardait autour de lui, se demandant ce qui avait bien pu arriver pour qu'il soit lui aussi dévasté dans ses zones grises et troubles d'un engloutissement aussi pervers et complaisant.

952. Lui   Il s'était levé pour prendre note d'un rêve et, le len-
demain, sa vie s'était remise à tourbillonner dans
l'enveloppe de ce rêve, sa famille, le village tout en-
tier s'étaient convertis à ce rêve et, tous ensemble,
ils érigeraient une forteresse à la grandeur du rêve
pour que les autres puissent en constater l'inépui-
sable pureté, l'indéniable grandeur, l'imprenable
dignité.

953. Lui   L'âge, c'est certain, était passé par là et, regardant
vaguement dans le lobby d'un hôtel blasé d'un sa-
medi soir sans remous, il comptait en lui les livres
qu'il comptait écrire, une comptabilité au-delà du
réel, une vie où les chiffres n'en finissaient plus de
rendre et de demander des comptes.

954. Elle   Se confondaient dans sa tête le lesbianisme et la
salle de danse, la perte d'une langue et l'oubli
d'une culture, tandis que la bière dévalait dans son
corps titubant de fatigue et pantelant de désir, une
errance de couloirs en couloirs, le son d'un orches-
tre politique, une promesse rompue au point que
l'histoire en oblitère les menus détails.

955. Lui   Il remerciait le grand homme absent, celui qui
avait donné la parole à la multitude et qui marchait
seul quelque part, regardant les débats sur un petit
écran, tandis qu'ailleurs on parlait de lui dans le res-
pect de la crainte, le souffle dans l'oreille de la mer,
le courage, la ruse, la mémoire, longtemps la mé-
moire, une sonde, la nuit, un écho sous-marin.

956. Lui   Quand recouvrerons-nous l'intégrale de notre conscience enterrée sous les regards indignés, le geste grave et lointain de celui qui redécouvre les manuscrits où est consignée la duperie de tout un peuple affairé à effacer sa présence ?

957. Lui   Avec une colère hors du commun, il désavouait les signes évidents de son identité, leur préférant la version touristique, édulcorée et consommable sur place, qu'importe si l'on meurt entre les chèques de la charité bien ordonnée, autrefois le monde était si paisible, si malléable, si bon marché.

958. Elle   Derrière ses lèvres, l'Univers prenait une consistance généreuse et fragile, le regard lourd de la verdure, contrairement à ces images délavées qu'elle offrait jadis aux passants comme la preuve sublime de son âme toute bleue, comme le désir sous les draps, comme autrefois, quoi…

959. Elle   Ils avaient fait preuve de courage, de ténacité, d'ardeur, ils avaient choisi le feu comme symbole de leur endurance et maintenant l'heure était là, l'heure était venue de faire face aux boucliers, les larmes seraient sans recours, même les cris d'une marée de fond en comble, personne pour faire écho à leur détresse, pour en porter témoignage dans la nuit lacrymogène où sévissent dans le noir la bêtise et l'arrogance.

960. Lui   L'espoir perdu, le regard naufragé dans le signal vidéo et la voix de l'enfant demandant sans cesse des précisions approximatives, l'ampleur d'un drame imprégné quelque part dans sa jeune mémoire.

961. Lui   Il y avait tant de similitudes, tant d'à-propos, tant de choses à relever, à écrire, à noter dans la consternation constante d'une injustice séculaire, d'un mépris constant.

962. Lui   Le corps s'incline sous le poids d'une vie, résigné dans sa prière inexaucée.

963. Lui   À la longue, ils finiraient par prendre note de leur asservissement, ils planteraient les symboles de leur démission jusque dans leurs gazons, ils iraient peut-être jusqu'à se lever d'un commun accord, d'une révolte comme une tempête soulevant jusqu'au ciel le crachat d'une mer en furie.

964. Lui   Son rire ponctuait son commentaire tandis qu'il tournait les pages d'un catalogue, la base des obscénités qu'il inventait, les sous-vêtements trop grands et les têtes interchangeables.

965. Elle   Ce fils trop brillant qui lui échappait, gaspillant son esprit, le chiendent, la friche et l'argile emplissant sa tête, tandis que sa mère parlait à des gens importants, exprimant des doutes, exigeant des réponses au vu et au su de tous.

966. Elle   Autrefois, il faisait appel à ses pouvoirs, mais aujourd'hui c'est elle qui lui fait part des prophéties dont elle est devenue l'objet, ce moment bizarre et précis où les doutes se dissipent sous l'émerveillement d'une liberté trop longtemps démentie.

967. Lui   Marqué par l'amour une fois pour toujours, il essayait tant bien que mal de se reprendre devant la fuite interminable de celui qu'il aimait et dont il essayait en vain de saisir les agissements.

968. Lui Ils exigeaient des précisions, d'autres précisions sur ces gens qu'ils ne connaissaient pas et dont le regard errant et sans éclat leur causait une grande gêne quand ils parlaient d'eux-mêmes, de leur égarement et de la manière brutale dont on les avait dépossédés, des moyens inexorables de remettre de l'ordre dans le monde, de lui redonner son lustre original, sa magnificence, son éclat définitif.

969. Lui À propos d'une conversation mémorable, entendue à la radio, les obscénités proférées à pleine bouche, la voix éraillée d'un homme qui dérange encore, l'air embaumé d'un soir de printemps, la redécouverte du rempart de la parole, de son cheminement dans la mémoire.

970. Lui Un torrent de blasphèmes, bravant les vieilles malédictions, un homme se berce dans sa fureur, le corps transpercé de violence, un spasme percutant de la bouche aux oreilles, sa grogne qui nous fait rire, sa musique et l'époque, à peine lointaine, où Dieu lui-même descendait des cieux pour incendier la bouche des pêcheurs, des poètes, des comédiens et autres races de beaux parleurs, grands faiseux de chalins et autres sparages maudits, qu'ils aillent au diable, qu'ils aillent au diable et que grand bien leur fasse.

971. Lui L'histoire, son déroulement, son intérêt, répertoriant les sources, les moyens d'aller au-delà de nos fragiles frontières de papier.

972. Elle Ce qui se dérobe, ce qui se défile, ce qui me saute dans le dos, une bête sournoise, indomptable, la crainte de voir jaillir mes larmes et d'entendre mon cœur exagérer.

973. Elle Dans un livre que je n'ai pas acheté, j'ai lu par distraction que les gens nés à l'enseigne de ce chiffre sont sujets à la célébrité et à la solitude, deux malaises dont elle se sentait déjà atteinte, irrémédiablement bouleversée.

974. Elle La distance du cœur, le bruit du monde, l'oubli du temps, pour toutes ces raisons et tant d'autres encore, soudainement le ciel se déchire, mes mots m'échappent et mes yeux se referment, un aveu naïf, autrefois la vie, aujourd'hui l'amour, à refaire encore une fois.

975. Elle Nous marchions seuls mais, depuis, la solitude s'est enfuie et nous marchons toujours.

976. Lui Ils voulaient votre image, je leur ai donné la mienne, le cri de leur insistance devenu insoutenable à mon corps défendant.

977. Elle J'établirai ma présence entre les quatre murs d'une chambre habitée du parfum de votre absence, les fenêtres laissées grandes ouvertes dans mon âme, les courants d'air sur mes blessures inguérissables, la lumière douloureuse et rutilante de votre voix dansant dans les ruines d'un désir indiscutable envers et contre tous.

978. Elle   Jamais je n'aurais pensé que nous serions un jour réunis en cercles de guérison, à genoux sur du papier goudronné, la surface misérable de notre esclavage aujourd'hui transformée à la craie pour nos prières et notre désir naïf d'être enfin une fois pour toutes délivrés du mal.

979. Elle   Une exclusion continuelle et mal assumée, la conviction absolue que les larmes finiront par faire fondre le chagrin, le regard envahi par la crainte de tous les glissements irréversibles.

980. Lui   Il se consacre à la fabrication de machines de plus en plus complexes, de plus en plus élégantes, les images remplissant sa vie, maintenant que le sens des mots lui échappe, lui, désormais retiré dans une caserne à l'épreuve du feu.

981. Elle   La fin de l'existence suivie d'un exil au large de la chaleur, l'apparition de la reine de cœur et des vies étendant son éclipse sur mes nuits insomniaques.

982. Elle   Nous travaillons en cercles et c'est pourquoi le miracle adviendra, assurément, nous en proclamons la conviction naïve, la marque aveuglante masquant notre indigence, l'odeur impénétrable nous réjouissant déjà.

983. Elle   Dans l'aura d'un livre promis depuis si longtemps, les mots circulant déjà sous le couvert éthylique de nuits irréparables, il ne faisait qu'anticiper dans la déconvenue, tenant serrées les rênes fougueuses de son char de gloire, les moments où il délirait de joie, son discours imperméable, une averse de bonheur.

984. Lui Les effets de la fatigue et le poids de la déception qu'il portait patiemment ne faisaient plus partie prenante désormais de son ardeur à s'inventer d'autres musiques quand il dansait sur scène devant des salles froides, se renfrognant ensuite dans ses énigmes, épiant les visages comme de simples distractions, des secrets intacts dont la résolution lui échappait.

985. Lui L'espace vague et indiscret du lieu où l'on mange, confondant le chant plaintif de l'exil et l'arrogance complaisante de ceux qui n'en finissent plus de prendre la vie pour un inévitable complot.

986. Elle Comment faire pour s'affirmer au-dessus de la médiocrité et d'un désespoir élémentaires?

987. Elle Je vous ai cherché toute la nuit, croyant avoir trouvé l'espace où vous avez rêvé vos rêves.

988. Lui Un jour, je prendrai part à votre évanouissement prévisible quand je vous vois marcher, sacrant contre les machines et maudissant ce siècle où j'ai promis de me retirer.

989. Elle Nous avons regardé le même écran, pleurant de rire tandis qu'ailleurs la pluie déferlait sur la ville, l'inondant de parfums, la pénétrant jusqu'au cœur armé de son béton infaillible.

990. Lui Les dictateurs ne s'excusent pas, ils lancent les chiens et s'arrangent avec la rage sourde de ceux qui rament, aveugles, dans leurs galères.

991. Elle Où trouver le repos quand mon corps tout entier s'écroule, vacillant sous sa défaillance, creusant sa tranchée dans la grisaille de mon regard?

992. Lui Comment parler de notre différence, nous qui sommes nés de l'excuse, essayant vainement de rattraper le cours du temps, tandis que d'autres s'enferment dans leurs privilèges, faisant apparaître à volonté des routes magiques et des forêts enchantées?

993. Elle Tenant ferme sa main dans la nuit, riant et parlant d'abondance, quelqu'un dans un endroit bruyant est à la veille de plier bagage tandis qu'elle fait de son mieux pour convaincre tous et chacun de son amour innommable comme le monde à distance.

994. Elle La langue de son enfance devenue classique à force d'attaques, de résistance, de mépris et, dans son chant immensément prenant, le rire saccageant l'histoire, les mots nébuleux de ceux qui oublièrent la vérité pour l'élégance à peine voilée de leur révolte.

995. Elle Notre prison intérieure nous contient comme le métal à même le bois, le silence des victimes, notre estomac irrité en bleu, en musique, en chair et en soif, s'interrogeant sur l'aboutissement ultime d'une route en noir et blanc.

996. Elle L'espace des vacances, le retour de la chaleur tatouée en bleu sur la peau du ciel, son corps sous le choc d'un vertige aussi rigide, d'un rituel aussi intensément consenti, peut-être aurait-elle enfin raison.

997. Elle L'interrogation de l'histoire, la liste de tous les noms, l'aveu d'une pauvreté séculaire et, dans cette consternation, l'âme de tout un peuple comprimée dans le présent pour laisser passer le passé, encore une fois, sans commentaire.

998. Elle   Ce qui me blesse, c'est cette distance qui se pré-
pare entre nous, qui va s'installer, qui va s'agran-
dir, au point qu'il ne sera plus possible pour moi
de vous parler, de vous toucher, de me faire croire
que notre histoire ne passera pas, qu'elle n'est que
figée, endormie momentanément, et que mes lè-
vres ont la force fulgurante de réveiller les pierres
de leur sommeil, mais je sais que je rêve, je rêve au
fond, et ça aussi, je m'en souviens.

999. Elle   Cette insistance, cette prière, cet aveu, ce besoin,
cette anecdote, un profil qui se dessine, une main
qui se lève, la volonté insubmersible, le moment
où la couleur se répand à la grandeur, cette préten-
tion à vouloir s'emparer du monde pour en faire
de l'amour, un glissement étrange comme la nais-
sance, une journée pluvieuse, c'est le printemps, le
soleil répand sa lumière sans égard, je ne veux rien
dire, quelqu'un insiste pour qu'il y ait une suite.

1000.

Choix de jugements

D'une poésie puissante, tellurique, incantatoire, *Conversations* s'enracine dans les ressources sonores et rythmiques d'une langue à la limite de l'ultrason. Une version acadienne de dire l'humanité.

Jury, Prix du Gouverneur général, 1999

Monde virtuel, déréalisé : mais ce qui frappe, c'est l'espèce d'acharnement du discours à y creuser une ferveur, à magnifier le prosaïque. Nous sommes ici aux antipodes d'une poésie du constat et du dépouillement […] L'emphase est croissante, aussi bien dans le propos ambitieux que dans celui de la douleur et de «l'irrémédiable malédiction». Les protagonistes cherchent, ou proclament carrément, «une véritable grandeur» et ils visent à «faire jaillir des rêves d'une grande magnitude», tout en s'adonnant à des aveux frénétiques et en nourrissant des projets funmeux.

Dans *Conversations*, l'espace demeure beaucoup plus indéterminé et la stratégie est différente (que dans *Climats*) : capter de l'intérieur même de la conscience les aspirations mythiques de la voix, cette aspiration magnifique et dérisoire à transmuter l'existence prosaïque en quelque chose de beau et de signifiant. La fragmentation systématique aboutit par là à son contraire : une sorte de continuum verbal à plusieurs voix, la musique toujours relancée de nulle part où nous sommes tous.

Il y a dans de tels discours des relents de tragédie classique, un emportement dans la souffrance qui évoque une Phèdre au bord du délire, ne sachant trop bien ce qu'elle dit mais trouvant beau et complet son propre malheur.

Pierre Nepveu, Spirale, *juillet-août 1999*

En établissant les liens entre les phrases éparses, le sens de l'ensemble apparaît : celui de la lutte entre la Parole et le Silence, entre la Disparition et l'Affirmation, entre le Passé et le Futur, entre la Tradition et la Modernité. D'un coup toute la réflexion de Chiasson est là, éparpillée, parcellisée mais pourtant toujours aussi percutante. Sa quête identitaire, son angoisse métaphysique, son désir de modernité et de transcendance de la tradition, alimente chacune des phrases. Le recueil devient alors un véritable livre de chevet qu'il faut lire avec parcimonie, lentement, pour en saisir toutes les nuances.

David Lonergan, L'Acadie nouvelle, *Chronique du 7 mai 1999*

Voilà justement que ces neuf cent quatre-vingt-dix-neuf morceaux de conversation transcendent eux-mêmes leur limite en trouvant une percée vers la poésie, ne la justifiant pas toujours, loin de là, mais cherchant dans une certaine utilisation des images étonnantes ou des pensées profondes à capter le poétique, à s'en faire un manteau de sens […]

[…] On le voit à l'œuvre, cet Herménégilde Chiasson qui trouve dans la parole toute la vigueur d'une littérature.

Hugues Corriveau, *Lettres québécoises*, 95, automne 1999

L'effet global est celui d'une pièce de théâtre absurde, comme la vie. On a un peu l'impression de marcher dans une foule et de capter au passage des morceaux de conversations hors contexte, juste assez pour nous plonger dans un monde sans s'y noyer, et on flotte en même temps dans une cacophonie étourdissante, reflet du monde moderne.

Martine Jacquot, www.ecrits-vains.com

http://ecrits-vains.com/points_de_vue/martine_jacquot2. htm

Biographie

1946   Herménégilde Chiasson naît le 7 avril 1946, à Saint-Simon, au Nouveau-Brunskwick où il fait ses études primaires et secondaires. Il reçoit son diplôme d'école secondaire en 1963.

1963-1967

Il étudie à l'Université de Moncton et reçoit son baccalauréat, avec concentration en arts visuels et en littérature, en 1967. • Il représente le Canada à l'exposition internationale d'art étudiant à Tokyo.

1967   Durant l'année scolaire 1967-1968, il enseigne à l'école secondaire Vanier à Moncton; il démissionne pour poursuivre ses études.

1968   Herménégilde Chiasson reçoit une bourse du gouvernement français et de la province du Nouveau-Brunswick pour entreprendre des études à l'École des beaux-arts de Paris; ce séjour est contremandé à cause des événements de mai 68. • Chiasson effectue un stage de formation à la Guilde graphique de Montréal. • Il est scripteur pour *Au chant de l'alouette*, une production de la Télévision de Radio-Canada. • CBAF, la radio de Radio-Canada à Moncton, produit *Tony Belle*, son premier radiothéâtre. • À l'automne, il entre en deuxième année au baccalauréat en arts visuels à l'Université Mount-Allison, à Sackville au Nouveau-Brunswick.

1969   Il participe à la création d'un centre d'artisanat, Le Clapet, à Barachois, dans le sud-est du Nouveau-Brunswick, le premier centre du genre en Acadie. • Il publie des dessins dans des revues et journaux, tels *Liberté*, *Possibles dérives* et *Le Devoir*. • Il est membre du Groupe des six de Moncton, qui exposera au Nouveau-Brunswick, au Canada et à l'étranger jusqu'en 1973.

1970   Il est recherchiste à temps partiel à CBAF, la Première chaîne de Radio-Canada à Moncton. • Herménégilde Chiasson reçoit la bourse Gardiner de l'Université Mount-Allison pour avoir obtenu la meilleure moyenne de tous les étudiants.

1971   Il est chargé de cours à la direction de l'éducation permanente de l'Université de Moncton. • De 1971 à 1974, il est graphiste et scénographe pour la troupe de théâtre semi-professionnelle de Moncton, Les Feux Chalins.

1972   Il obtient son Bachelor of Fine Arts de l'Université Mount-Allison. • Il est rédacteur et reporter à CBAF. • Comme estampier, il produit *Cible*, une série de 10 sérigraphies et une centaine d'estampes diverses. • Avec Jacques (textes) et Gilles (photographies) Savoie, Chiasson (dessins) crée *L'Anti-Livre*, un ouvrage multidisciplinaire publié aux Éditions de l'Étoile maganée. C'est le premier ouvrage littéraire publié en Acadie.

1973   Il quitte Radio-Canada pour devenir directeur de la galerie d'art de l'Université de Moncton et chargé de cours à la même institution.

1974   Il présente les expositions *Travaux récents* au Musée du Nouveau-Brunswick à Saint-Jean, et *L'Histoire des murs* à la galerie d'art de l'Université de Moncton. • À titre d'artiste visuel, il représente le Canada à la première Super Franco-Fête à Québec. • Il publie un premier recueil de poésie, *Mourir à Scoudouc,* aux Éditions d'Acadie de Moncton. • Il reçoit une bourse B du Conseil des Arts du Canada. • Il reçoit une bourse du gouvernement français et entreprend à l'automne des études à l'École nationale supérieure des arts décoratifs à Paris.

1975   Pendant la période estivale, il est réalisateur à CBAF. • Le département de théâtre de l'Université de Moncton produit *Becquer Bobo*, son premier texte théâtral, une pièce pour enfants. • Il suit des cours de maîtrise en esthétique à l'Université de Paris 1 (Sorbonne), maîtrise qu'il obtient au printemps 1976.

1976   Pendant la période estivale, il est réalisateur à CBAF. • Il termine les cours du Diplôme d'études avancées en esthétique de l'École nationale supérieure des arts décoratifs à Paris, diplôme qu'il obtient au printemps 1977. • Le Théâtre populaire d'Acadie, à Caraquet, crée sa pièce *L'amer à boire*, une pièce pour adultes. • Il publie un deuxième recueil de poésie, *Rapport sur l'état de mes illusions*, aux Éditions d'Acadie de Moncton.

1977   Le département de théâtre de l'Université de Moncton présente *Au plus fort la poche* (pour adultes). • Pendant la période estivale, il est réalisateur à CBAF. • Il entreprend sa thèse de doctorat, sur la photographie américaine après 1950, à l'Université de Paris I (Sorbonne). Parallèlement, il s'inscrit au Master of Fine Arts, Visual Studies Workshop de l'Université de New-York à Rochester. Ces études se poursuivront jusqu'en 1983 et ne demanderont que des séjours occasionnels dans ces universités.

1978   CBAF crée son radiothéâtre *Sorry, I don't speak French.* • Pendant la période estivale, il est réalisateur à CBAF. • Il présente une exposition de travaux photographiques, *La chambre blanche,* à Québec. • Il est un des membres fondateurs de l'Association des écrivains acadiens.

1979   Il présente l'exposition *Positif-Négatif* à la Galerie Sans Nom à Moncton. • Pendant la période estivale, il travaille comme intervieweur à CBAF.

1980   CBAF crée son radiothéâtre *Baisse donc la radio.* • Il écrit et participe à la création de *Histoire en histoire*, qui raconte la vie de Nicolas Denys. La pièce est un succès pour le théâtre l'Escaouette à Moncton et elle effectue une tournée dans les Maritimes, au Québec et à Saint-Pierre-et-Miquelon. • Pendant la période estivale et à l'automne, il est réalisateur à CBAF. •Avec Roger LeBlanc, Herménégilde Chiasson coécrit *Les aventures de Mine de rien*, une pièce pour enfants produite par le théâtre l'Escaouette. La pièce effectue une tournée au Québec et dans les Maritimes. • Il conçoit et met en scène un spectacle hommage à la poésie acadienne, *La grande rumeur,* qui est présenté dans six villes du Québec. • Il est président de la Galerie Sans Nom à Moncton. • Il participe, en tant que vice-président de l'Association des écrivains acadiens, à la création des Éditions Perce-Neige.

1981   De 1981 à 1985, il travaille à *Coup d'œil*, une émission quotidienne diffusée sur les ondes de la Télévision de Radio-Canada en Atlantique. •Il obtient son Master of Fine Arts de la State University of New-York. • Il écrit *Cogne fou*, pièce pour adultes, et participe à sa création en théâtre d'été par l'Escaouette.

1982   Avec Roger LeBlanc, il coécrit la pièce pour enfants *L'étoile de Mine de Rien*, qui est créée par le théâtre l'Escaouette. • Avec Roméo Savoie à la scénographie, Herménégilde Chiasson écrit et met en scène la performance *Évangéline, mythe ou réalité*, une coproduction du théâtre l'Escaouette et du ministère des Affaires extérieures du Canada. Le spectacle est présenté au Festival international des arts contemporains à LaRochelle en France, et en reprise à Moncton. • Le film *La poutine râpée*, scénarisé et réalisé par Herménégilde Chiasson, est présenté dans la série «Reflets d'un pays» à la Télévision de Radio-Canada. • Il conçoit et réalise la pochette du troisième disque du groupe 1755.

1983   Herménégilde Chiasson obtient son doctorat de l'Université de Paris I. Sa thèse porte sur les orientations dans la photographie américaine après 1950. • Il scénarise et réalise *Les bardasseux d'Acadie*, présenté dans la série «Reflets d'un pays» à la Télévision de Radio-Canada. • Il présente l'exposition *La frise des archers* à la Galerie Sans Nom de Moncton. • Il participe à la création de *La lambic*, pièce de Jules Boudreau et Calixte Duguay présentée au Festival acadien de Caraquet. • Chiasson écrit *Atarelle et les Pakmaniens,* une pièce pour enfants coproduite par le théâtre l'Escaouette et le Théâtre français du Centre national des arts. Elle connaît un vif succès et effectue deux tournées au Canada et une en Europe. • Il crée les marionnettes, le décor et les affiches pour la pièce *Le bras gauche de l'île* de Louise D'Entremont et fait la scénographie, les costumes et la publicité pour la pièce *Les sentiers de l'espoir* de Gérald LeBlanc. Ces deux dernières pièces sont produites par le théâtre l'Escaouette.

1984   Avec Barry Ancelet et Antonine Maillet, il coécrit l'essai *Les Acadiens*. • Le théâtre L'Escaouette produit sa pièce *Renaissances* (pour adultes). • Il est élu président des Éditions Perce-Neige à Moncton. • Il est chargé de cours en esthétique de la photographie à l'Université de Moncton. • Il est membre de la Commission consultative du Conseil des Arts du Canada.

1985   Herménégilde Chiasson scénarise et réalise le documentaire autofictif *Toutes les photos finissent par se ressembler*, produit par l'Office national du film. • Il réalise *Cap Lumière*, d'après un scénario de Monique LeBlanc, pour Ciné-Est en Action. • Avec Patrick Condon Laurette, il coécrit un essai sur l'artiste visuel acadien Claude Roussel, intitulé *Claude Roussel sculpteur/sculptor* et publié aux Éditions d'Acadie de Moncton. • Avec Gérald LeBlanc, il coécrit «Précis d'intensité», publié dans la revue *Lèvres urbaines*. • Le théâtre l'Escaouette produit *Y a pas que des maringouins dans les campings,* une pièce pour adultes présentée pendant l'été au Centre récréatif de Shédiac. • L'exposition *Dessins par ordinateur et collages divers* est présentée à la galerie d'art de l'Université de Moncton. • Herménégilde Chiasson est un des membres fondateurs du Centre culturel Aberdeen de Moncton.

1986   La pièce pour enfants *Atarelle et les Pakmaniens* et le recueil de poésie *Prophéties* sont publiés aux Éditions Michel Henry. • *Atarelle et les Pakmaniens* part en tournée européenne. • Il scénarise et réalise en français et en anglais *Le Grand Jack*, produit par l'Office national du film. • Il présente l'exposition *Biographies* à la galerie Colline à Edmunston. • Il participe au projet interactif *Marco-Polo* qui réunit virtuellement artistes et écrivains de la francophonie mondiale et dont le résultat est présenté à la Bibliothèque nationale du Québec et au Salon du livre de Montréal. • *Le tapis de Grand-Pré,* un album pour enfants publié par le Centre provincial de ressources pédagogiques en Nouvelle-Écosse, remporte le Prix France-Acadie; il en a conçu les illustrations alors que Jean-Claude Tremblay et Réjean Aucoin en ont signé le texte. • CBAF crée son radiothéâtre *L'homme qui rêvait d'habiter le silence.* • Il obtient le prix d'excellence pour le documentaire *Toutes les photos finissent pas se ressembler* au Festival du film de l'Atlantique. • Il est nommé Artiste de l'année des provinces atlantiques lors de la remise des prix Bravo, décernés par l'émission *Coup d'œil,* une production de la Télévision de Radio-Canada en Acadie.

1987　• Au Festival du film de l'Atlantique, *Le Grand Jack* remporte le prix d'excellence. Le film est également en nomination aux Gémeaux dans la catégorie «Meilleur texte, émission ou série documentaire». • Il est membre-fondateur de l'atelier de gravure Imago de Moncton.

1988　Il est chargé de cours à l'Université de Moncton. • Le théâtre l'Escaouette produit *L'amour fou*, une pièce pour adolescents créée à partir d'un collage dont Chiasson écrit les textes de liaison.• Il scénarise et réalise *Madame Latour*, produit par Ciné-Est en Action. • Il est président-fondateur des Productions du Phare-Est.

1989　Sa pièce pour adultes, *Eddie,* est présentée par les Productions Océan. • Il scénarise et réalise, en versions française et anglaise, le film *Robichaud*, produit par l'Office national du film. • Il réalise pour Gamma Productions *The bell ringers,* d'après un scénario de Tony Foster. • Il présente l'exposition *L'art à tous prix* à la Galerie Langage Plus de Alma et à la Galerie Sans Nom de Moncton. • Il remporte le prix du meilleur moyen-métrage canadien au Festival du film de Yorkton en Saskatchewan, pour *Madame Latour.*

1990　Herménégilde Chiasson est nommé Chevalier des arts et des lettres par le gouvernement français. • Il publie «On…», une collaboration avec Federico Garcia Lorca dans la revue *Lèvres urbaines.* • La pièce pour adolescents *Pierre, Hélène et Michael* est coproduite par le théâtre l'Escaouette et le Théâtre français du Centre national des arts. • Il scénarise et réalise *Le taxi Cormier*, coproduit par l'Office national du film et Phare-Est. • Il présente *14 Stations for Oswald* à la Owens Art Gallery à Sackville, au Nouveau-Brunswick.

1991　Il publie les recueils de poésie *Vous*, aux Éditions d'Acadie, et *Existences*, aux Éditions Perce-Neige (Moncton) et aux Écrits des forges (Trois-Rivières). • Il est finaliste au prix du Gouverneur général, catégorie poésie, pour son recueil *Vous*. • Avec Claude Beausoleil et Gérald LeBlanc, il coécrit le recueil poétique *L'Événement Rimbaud*, publié aux Éditions Perce-Neige et aux Écrits des forges. • Il scénarise et réalise *Marchand de la mer*, coproduit par l'Office national du film et Phare-Est. • Il présente les expositions *Travaux récents* à la galerie d'art de l'Université de Moncton, et *La beauté des mots* au Collège Glendon de Toronto. • Il est artiste en résidence à Banff pendant l'été. • Il est nommé au conseil d'administration du Conseil des Arts du Canada; son mandat se terminera en 1994 • Herménégilde Chiasson reçoit le prix Silver Apple à l'Annual and Educational Film and Video Festival à Oakland, aux États-Unis, pour le film *Le Grand Jack*. • Il reçoit une bourse A du Conseil des arts du Canada.

1992   Parution de *Vermeer*, un recueil qui allie poésie et photos, aux Éditions Perce-Neige et aux Écrits des forges. • Sa pièce pour adolescents, *Cap Enragé,* est coproduite par le théâtre l'Escaouette et le Théâtre français du Centre national des arts. • Il scénarise et réalise *Beauséjour,* coproduit par l'Office national du film et Phare-Est. • Il est membre de la sous-commission de la culture et de la décennie mondiale du développement culturel de l'UNESCO. • Il remporte une deuxième fois le prix France-Acadie, cette fois pour le recueil poétique *Vous* et pour l'ensemble de son œuvre.

1993   Herménégilde Chiasson est récipiendaire de l'Ordre des francophones d'Amérique. • La pièce pour enfants *Le manège des anges* est coproduite par le théâtre l'Escaouette et le Théâtre français du Centre national des arts. • Sa pièce pour adultes *L'exil d'Alexa* est produite par le théâtre l'Escaouette. • Il est président de l'Association acadienne des artistes professionnels du Nouveau-Brunswick (jusqu'en 1995). • Herménégilde Chiasson reçoit le Prix d'excellence en cinéma de la province du Nouveau-Brunswick.

1994   Le théâtre l'Escaouette crée *La vie est un rêve*, une pièce pour adultes. • *L'Exil d'Alexa* est publié aux Éditions Perce-Neige. • Herménégilde Chiasson est conservateur de la quatrième exposition d'art atlantique *Marion McCain,* à laquelle il donne le thème «Anecdotes et énigmes». L'exposition est présentée à la Galerie d'art Beaverbrook à Fredericton, puis en tournée au Canada et à l'étranger; elle est accompagnée d'un essai/catalogue. C'est la plus importante exposition d'art des provinces atlantiques. • Chiasson est président du Centre culturel Aberdeen.

1995   Publication du recueil *Miniatures*, aux Éditions Perce-Neige de Moncton. • Le théâtre l'Escaouette produit la pièce pour adolescents *À vrai dire*, écrite par un collectif. • Chiasson scénarise et réalise *Les années noires* et *L'Acadie retrouvée*, deux films coproduits par l'Office national du film et Phare-Est.

1996   Herménégilde Chiasson est finaliste au prix du Gouverneur général, catégorie poésie, pour son recueil *Climats*, publié plus tôt dans l'année aux Éditions d'Acadie. • Il scénarise et réalise *Épopée*, une production de l'Office national du film. *Épopée* remporte le Grand Prix TV5 — du meilleur film documentaire —, au Festival international du film francophone à Namur en Belgique. • Chiasson présente l'exposition *Mythologies* à la Galerie 12 de Moncton. • La Chaîne culturelle de Radio-Canada crée son radiothéâtre *Louisbourg de guerre et d'espoir*. • Il est membre de la commission d'études chargée d'élaborer une politique culturelle pour le Nouveau-Brunswick. • Il reçoit le prix Estuaire des Terrasses Saint-Sulpice pour son recueil *Miniatures*, publié aux Éditions Perce-Neige.

1997   Il présente *Forêts* à la Galerie 12 de Moncton. • Herménégilde Chiasson écrit et participe à la création d'*Aliénor*, pièce pour adultes produite par le théâtre l'Escaouette.

1998   Parution aux Éditions d'Acadie du recueil poétique *Conversations*.
• Il reçoit le prix CBC, qui vient souligner sa contribution à titre
de pionnier du cinéma en Atlantique. C'est la première fois que
ce prix est remis à un Acadien. • Les Éditions d'Acadie publient
Aliénor. • Il écrit *Laurie ou la vie de galerie,* pièce pour adultes
coproduite par le Théâtre populaire d'Acadie et le Théâtre français
du Centre national des arts. • «L'homme de la place Champlain»,
un conte urbain publié aux Éditions Prise de parole dans le recueil
Contes d'appartenance, est présenté en lecture à Sudbury lors du
colloque sur la situation des arts au Canada français, *Toutes les
photos finissent-elles par se ressembler?,* titre inspiré d'un film de
Chiasson. • Il présente *Printemps* à la Galerie 12 de Moncton. •
Il présente l'exposition *Pour parler dans l'inédit* à la Galerie 12 de
Moncton et au Musée des arts et traditions populaires de Trois-
Rivières.

1999   Herménégilde Chiasson remporte le prix du Gouverneur général,
catégorie poésie, pour son recueil *Conversations*. • Herménégilde
Chiasson reçoit le Grand Prix de la francophonie canadienne.
• Herménégilde Chiasson reçoit un doctorat honorifique de
l'Université de Moncton. • Il est reçu membre de l'Académie
royale canadienne. • Avec Pierre Raphaël Pelletier, il coécrit
l'essai *Pour une culture de l'injure*, publié aux Éditions Le Nordir
à Ottawa. • Jo-Ann Elder et Fred Cogswell traduisent le recueil
Climats, qui est publié chez Goose Lane Editions de Fredericton
au Nouveau-Brunswick sous le titre *Climates*. • La Confederation
Art Gallery de Charlottetown (Île-de-Prince-Édouard) et la
Dalhousie Art Gallery de Halifax (Nouvelle-Écosse) présentent
une rétrospective de son œuvre artistique, *There are nos limits
– Il n'y a pas de limites,* préparée par la conservatrice Charlotte
Townsend-Gault, exposition accompagnée d'un catalogue et qui
sera aussi présentée à la Beaverbrook Art Gallery de Fredericton
(Nouveau-Brunswick). • Comme artiste visuel, il participe
à l'exposition *Les arts contemporains en Acadie*, présentée à la

Médiatine à Bruxelles, en Belgique. • Le théâtre l'Escaouette et le Théâtre populaire d'Acadie créent sa pièce pour adultes *Pour une fois.*

2000   Herménégilde Chiasson est choisi par les lecteurs de *l'Acadie nouvelle* comme l'une des 20 personnalités acadiennes les plus importantes du XXe siècle. • *Laurie ou la vie de galerie* est en nomination pour un Masque dans la catégorie «Meilleure production franco-canadienne». • Il publie une suite poétique, «Marinetti», dans la revue *Lèvres urbaines.* • Dans la même année, il publie un récit de ses apprentissages, *Brunante,* aux Éditions XYZ à Montréal; un recueil poétique, *Actions,* aux Éditions Trait d'union à Montréal; et un recueil de récits fictifs inspirés des œuvres de huit artistes photographes du Québec, *Légendes*, aux Éditions J'ai vu à Montréal. • Chiasson présente l'exposition *Voir Desbiens* à la Galerie du Nouvel-Ontario à Sudbury. • Il est artiste en résidence au complexe Méduse à Québec. • Herménégilde Chiasson reçoit trois prix Éloizes : en littérature pour *Brunante*, en arts visuels pour *Il n'y a pas de limites* et en théâtre pour *Pour une fois.*

2001   Herménégilde Chiasson est nommé membre de l'Académie mondiale de poésie, organisme parrainé par l'UNESCO. • Il présente *Outremer* à la Galerie 12 de Moncton. • Il est vice-président du Festival Northrop Frye, de Moncton. • Il est président du conseil d'administration du théâtre l'Escaouette. • *Pour une fois* est en nomination pour un Masque dans la catégorie «Meilleure production franco-canadienne». • Avec Dominick Parenteau-Lebeuf et Robert Marinier, il coécrit *Univers*, qui est coproduit par le Théâtre du Nouvel-Ontario à Sudbury, le théâtre l'Escaouette à Moncton et le Théâtre français du Centre national des arts à Ottawa. • Il coécrit avec Louis-Dominique Lavigne *Le coeur de la tempête*, pièce pour adolescents, que coproduisent le théâtre l'Escaouette et le Théâtre de Quartier à Montréal.

2002   Il est artiste en résidence à l'Université d'Ottawa. • *Laurie ou la vie de Galerie* est publié aux Éditions la Grande Marée de Tracadie-Sheila, et aux Éditions Prise de parole de Sudbury. • Le récit *Brunante*, traduit par Wayne Grady, est publié sous le titre *Available light* aux Éditions Douglas & McIntyre de Toronto. • Il scénarise et réalise *Ceux qui attendent*, coproduit par Phare-Est, Télé-Québec et l'Office national du film. • Il présente *Evangeline Beach — An American Tragedy*, à la Galerie 12 de Moncton. • Il présente l'exposition *L'Acadie au présent* au Centre culturel canadien à Paris.

2003   Herménégilde Chiasson reçoit l'Ordre de mérite de l'Association des Anciens et Amis de l'Université de Moncton. • Les recueils de poésie *Mourir à Scoudouc* et *Rapport sur l'état de mes illusions* sont réédités en Bibliothèque canadienne-française et présentés sous le titre *Émergences* par les Éditions l'Interligne à Ottawa. • Le 27 août, Herménégilde Chiasson est nommé 29e lieutenant gouverneur du Nouveau-Brunskwick, mandat qui se poursuivra jusqu'en 2008. • Il écrit un recueil poétique pour adolescents, *L'Oiseau tatoué,* publié à la Courte échelle à Montréal. • Il publie le recueil de poésie *Répertoire* aux Écrits des forges de Trois-Rivières. • Il présente l'exposition *Diagrammes et schémas* à la Galerie 12 de Moncton. • *Le Christ est apparu au Gun Club*, pièce pour adultes, est créée par le théâtre l'Escaouette à Moncton, en collaboration avec le Théâtre français du Centre national des arts à Ottawa. • *Univers* remporte le Masque de la meilleure production franco-canadienne à Montréal. • Il participe au Symposium international de peinture de Baie-Saint-Paul au Québec. • Herménégilde Chiasson remporte le prix Pascal-Poirier pour l'excellence en arts littéraires du Nouveau-Brunswick, le prix du Centre de recherche en civilisation canadienne-française et le Prix quinquennal Antonine-Maillet/Acadie vie pour l'ensemble de son œuvre écrite.

2004   Herménégilde Chiasson reçoit le prix Monfort en littérature. •
        Il écrit *La grande séance*, pièce pour adultes créée par le théâtre
        l'Escaouette. • Il écrit *Traversées*, le livret de l'opéra de Ludmila
        Knevkova-Hussey, créé dans le cadre des fêtes du 400e de l'Acadie.
        • Il expose *Variations monochromes* à la Galerie 12.

2005   *Le Christ est apparu au Gun Club* est publié par les Éditions Prise
        de parole de Sudbury. • *Le Christ est apparu au Gun Club* est
        présenté en tournée en Ontario et au Québec. • Il fait paraître
        Parcours aux Éditions Perce-Neige de Moncton.

Achevé d'imprimer
en juin deux mille six sur les presses
de l'imprimerie Gauvin, Gatineau (Québec).